LA VOIE DE L'IMPUISSANCE
ADVAITA ET LES DOUZE ÉTAPES DU RÉTABLISSEMENT

Advaita Press

Ouvrages en français de
Wayne (Ram Tzu) Liquorman

L'accueil de l'évidence : Invitation à la paix sans retour

Invitation à l'impensable

LA VOIE DE L'IMPUISSANCE
ADVAITA ET LES DOUZE ÉTAPES DU RÉTABLISSEMENT

Wayne Liquorman

Edité par : Dawn Salva

Traduction française : Hugues de La Bourdonnaye

Correcteurs traduction : Susan Markel

Correcteurs : Isabelle Arman, Velika, Michèle Metoudi, Alain Jacquemart

Copyright © 2012 by Advaita Fellowship

Publié aux USA par

Advaita Press
PO Box 3479
Redondo Beach, CA 90277
Tel: 310-376-9636
Email: fellowship@advaita.org
www.advaita.org

Graphisme et mise en page : Tara Scarcello
Photo de couverture : Chris Redmond
Photo quatrième de couverture : Gayle Goodrich

ISBN: 978-0-929448-40-4

Tous droits de reproduction et de représentation réservés. Aucune partie de ce livre ne peut être reproduite ou transmise sous quelque forme ou par quelque moyen que ce soit, électronique ou mécanique, y compris la photocopie, l'enregistrement, ni par aucun moyen de stockage d'information ou de système de récupération des données, sans l'autorisation écrite et préalable de l'Advaita Fellowship ou par un de ses agents, à l'exception d'inclusion de courtes citations dans une revue.

Dédié aux hommes de Scotty's / Splash
Qui m'ont montré comment vivre en Paix
Ce que je cherchais depuis toujours...

Dans tous les mauvais endroits.

Je suis juste un autre miracle
Une résurrection ordinaire
Sorti de la zone de la mort
Vers la lumière.

–Wayne
Première semaine de sobriété
Juin 1985

TABLE DES MATIÈRES

LETTRE AUX LECTEURS..12
NOTE DE L'ÉDITEUR...15
LES DOUZE ÉTAPES..17
Le premier éveil

ADVAITA..27
Le deuxième éveil

LIQUORMAN..32

ÉTAPE UN..34
Le faux sentiment d'être auteur
Sommes-nous impuissants ?
Ingouvernable
Rencontre avec Ramesh S. Balsekar

ÉTAPE DEUX...50
Folie
L'océan et la vague

ÉTAPE TROIS...63
Problèmes
"Nous avons dû arrêter de jouer à DIEU"

ÉTAPE QUATRE...69
Notre histoire

Comment faire la quatrième Étape
Quoi versus Pourquoi
Honnêteté
Mettez cela par écrit sur une feuille de papier
Ressentiment
Peurs
Sexe
Culpabilité et Secrets
Qui Suis-je ?

ÉTAPE CINQ 90
Bienvenue parmi la race humaine

ÉTAPE SIX ET ÉTAPE SEPT 94
Acceptation de ce qui est

ÉTAPE HUIT ET ÉTAPE NEUF 102
Volonté
Réparations (S'amender)

ÉTAPE DIX...112
Changement
Erreurs

ÉTAPE ONZE 117
Responsabilité personnelle
La conscience de Dieu
La volonté de Dieu
Le chemin spirituel
Libération de l'asservissement à soi-même
Un jour à la fois
Satsang

ÉTAPE DOUZE..136
La disparition de la culpabilité
Je suis un avec tout — Et maintenant ?
Partager notre expérience
La vague est l'Océan

UNE CONVERSATION AVEC DIEU..........146
LA FIN EST LE DÉBUT..........148
Rétablissement du Pouvoir
Transcendance

REMERCIEMENTS..........155
NOTES..........157

CHER LECTEUR,

Je suis assis ici et j'essaye de vous imaginer lorsque vous ouvrez ce livre et lisez ces mots. Je vous vois soit comme un chercheur spirituel (ayant déjà une idée élémentaire de la non-dualité proposée par l'Enseignement Vivant de l'Advaita) ou alors comme quelqu'un qui poursuit le chemin du rétablissement au travers de l'un des nombreux programmes des Douze Étapes. Que vous soyez dans l'un de ces cas, ou les deux, ou aucun des deux, je vous souhaite la bienvenue dans ce voyage qui je l'espère, sera agréable et instructif. En tant que voyage, celui-ci est plutôt inhabituel dans le sens que peu importe sa durée ou combien il pourra parfois s'avérer difficile, la destination finale est toujours là où vous vous trouvez.

Que vous ayez choisi ce livre vous désigne comme un cas plutôt inhabituel. Je me demande ce qui a bien pu vous arriver pour que vous soyez sensible à la possibilité que l'impuissance puisse être la clé de quelque chose de bénéfique ?

Impuissance ! À première vue, cela semble être un mot horrible désignant un état encore moins souhaitable. La condition ultime de l'impuissance est presque synonyme de mort. La plupart des sociétés traitent l'impuissance comme une maladie, quelque chose à soigner et à surmonter.

Si vous êtes à peu près tel que j'étais lors du premier contact avec l'idée d'impuissance, vous devez estimer que la réponse aux problèmes de la vie repose plutôt sur le fait d'acquérir plus de pouvoirs que d'en avoir moins. La proposition selon laquelle une paix durable dans la vie ne pourrait venir que par la reconnaissance totale de votre propre impuissance personnelle semble, à première vue, être contraire à l'intuition et en fin de compte un peu ridicule. Pourtant, la découverte de la liberté disponible par la reconnaissance de votre totale impuissance personnelle est tout le sujet de ce livre.

J'ai été tout d'abord en contact avec la notion de paix au travers de l'impuissance personnelle par les Douze Étapes des Alcooliques Anonymes. Plus tard, j'ai trouvé ce même principe dans les enseignements spirituels non-duels du taoïsme, du Zen, du Soufisme et de l'Advaita, ainsi que dans de nombreux écrits mystiques du judaïsme et du christianisme. En d'autres termes, ce n'est pas vraiment une idée nouvelle, mais tout au long de l'histoire humaine, elle n'a jamais été facilement admise. Nous allons explorer les raisons du pourquoi l'impuissance personnelle est si difficile à accepter par la majorité des gens au fur et à mesure que nous avançons.

Si vous vous sentez suffisamment fort pour continuer la lecture de ce livre, vous pourriez être surpris de découvrir que vous avez effectivement été impuissant depuis le début. Vous pourriez commencer à voir que votre souffrance dans la vie est une conséquence directe du FAUX sentiment que vous avez le pouvoir de contrôler. Si vous vous éveillez à la reconnaissance de ce qui est Vrai à propos de vous-même et du monde autour de vous, vous commencerez à vivre en harmonie avec vous-même et avec les autres. Avec la Grâce, vous vous éveillerez à une vision de la vie telle qu'elle est réellement et découvrirez la paix qui accompagne inévitablement cette vision.

Que cela vous trouve maintenant.

Wayne Liquorman
Hermosa Beach, California
Juillet 2012

NOTE DE L'ÉDITRICE

Si j'en avais le pouvoir, je déclarerais la lecture obligatoire de *La Voie de l'Impuissance* pour tout adulte qui rencontre une autre personne quelle que soit la façon ou la forme et en particulier ceux qui me rencontrent ! Mais, comme je n'ai pas un tel pouvoir, même pas le pouvoir de me contrôler, je sais qu'il est peu probable que le monde coopère. Pourtant, je continue d'espérer qu'il y a peut-être quelque chose que je puisse faire qui permettra de susciter un grand intérêt immédiat pour ce livre. Même s'il y a une contradiction apparente entre savoir qu'il y a à la fois une grande puissance et reconnaître son impuissance personnelle. C'est exactement ce que *La Voie de l'Impuissance* réconcilie brillamment.

Je n'avais aucune idée à quel point j'allais tomber amoureuse de ce livre. Lorsque Wayne me l'a mentionné la première fois, je n'étais pas intéressée même de loin par les Douze Étapes. Même après avoir commencé à travailler avec lui là-dessus, je n'avais aucune idée de l'influence profonde et merveilleuse que ce livre aurait sur ma vie. Pour cela, je suis éternellement reconnaissante à Wayne et à la Source.

Je reste stupéfaite que, bien que je puisse identifier plusieurs de mes dépendances personnelles passées ou présentes, je ne me suis jamais considérée comme ayant eu besoin des Étapes. Je ne me suis pas rendu compte non plus que mes propres compulsions et addictions (à la fois en actes et en pensées) pourraient être une voie pour un approfondissement de la compréhension spirituelle.

La dépendance est un endroit étonnamment fertile pour voir la perspicacité spirituelle, surtout si on a la chance de connaître un moment de clarté et/ou de rétablissement. Nous avons la chance d'avoir pour Guide Wayne toujours plein d'amour, d'humour et si captivant. Sa pure compassion, sa capacité à saper et à démasquer la fausse perception et sa compréhension ultime rayonnent dans ce livre. C'est comme s'il nous tendait la main en nous disant : « Viens, prend ma main, je vais marcher avec toi. » Et, au travers de l'Enseignement Vivant dans ce livre, c'est ce qu'il le fait.

Le cadre de l'Advaita dans les Douze Étapes, (ou est-ce l'inverse) n'est pas un mince exploit ! Maîtriser la puissance incompréhensible de l'impuissance par les mots est finalement impossible. Mais les mots de ce livre ne sont pas de simples concepts. Au lieu de cela, ils sont de puissants indicateurs vers où et comment regarder la porte la plus accessible de la compréhension spirituelle — c'est-à-dire nous-mêmes.

Que vous soyez tout simplement une personne curieuse ou un chercheur spirituel, ou que vous ayez ce livre entre vos mains à cause de votre connaissance des Douze Étapes, c'est la grâce qui vous amène ici. La sagesse contenue dans ces pages n'a pas de frontière et continuera à donner, guider et aimer longtemps après vous ayez rangé ce livre sur l'étagère.

Dawn Salva
Juillet 2012

LES DOUZE ÉTAPES

J'aime les Douze Étapes des Alcooliques Anonymes. Elles sont aussi belles pour moi que n'importe quelle grande œuvre d'art. Elles m'ont initié à une façon de vivre confortablement dans ma propre peau, comme je le suis en ce moment, un ensemble de caractéristiques à la fois admirables et défectueuses. Il n'y a rien au monde tout à fait comme elles.

Ces Douze Étapes d'une simplicité trompeuse contiennent un modèle sur la façon de vivre avec ce QUI EST, un jour à la fois. Par CE QUI EST je veux dire la vie telle qu'elle se déroule réellement, plutôt que selon notre opinion sur la façon dont la vie « devrait » être. Les Étapes sont aussi connues pour conduire à un éveil spirituel qui apporte une paix au-delà de toute compréhension humaine.

Comme il sied à quelque chose d'aussi important pour tant de personnes, beaucoup ont écrit sur les Douze Étapes. Bien que je désespère de pouvoir ajouter quoi que soit de nouveau ou de significatif à ce débat, j'ai vécu intimement avec ces Étapes depuis longtemps maintenant et l'envie m'a démangé d'écrire sur elles du point de vue de mon autre rôle qui est celui d'enseignant de l'Advaita (une ancienne branche de l'hindouisme qui pointe vers l'unité de toutes choses, aussi connue comme non-dualisme). Pour ceux d'entre-vous qui ne savent pas ce qu'est l'Advaita ou le non-dualisme — ne vous inquiétez pas — ils ne sont ni aussi ésotériques ni aussi redoutables qu'ils peuvent paraître. En fait, vous pouvez réaliser que vous savez déjà ce que ces termes indiquent ; vous n'aviez tout simplement pas le nom juste pour cela. Tout au long de ce livre, vous pourrez également découvrir qu'aussi bien l'Advaita que les Douze Étapes pointent vers une seule vérité très simple et basique : — En tant qu'individus, nous sommes totalement et complètement impuissants.

À ce propos et à ce stade, vous êtes libre d'être en désaccord avec cette affirmation. En fait, j'espère que vous allez mettre à l'épreuve tout ce que je dis. Certainement, à première vue, il semble que nous ayons vraiment le pouvoir. Mais, quand vous regardez plus profondément, vous pourriez en venir à réaliser que tout ce que vous exercez comme pouvoir provient d'une puissance plus grande que votre moi égoïque. En d'autres termes, il y a pouvoir, mais ce n'est vraiment pas le vôtre — il vous est donné sous forme de prêt. Qui ou Quel est ce pouvoir plus grand que le « moi égoïque » n'est pas aisément apparent. Les Douze Étapes et l'Advaita sont des outils pour faciliter le processus de découverte de l'abyssale profondeur de cette puissance supérieure à un moi personnel.

Depuis la rédaction en 1939 du livre des Alcooliques Anonymes (affectueusement connu sous le nom de Gros Livre), les Étapes contenues dans celui-ci ont été appliquées pour aider aussi à la guérison d'un large éventail d'autres types de dépendances. L'un des points clés de ce programme, probablement « LE » point clé, c'est la reconnaissance de l'impuissance personnelle. D'abord vis-à-vis de la substance ou du comportement qui vous cause un problème dans la vie mais finalement cela concerne TOUT.

Pouvoir, contrôle et auto-discipline — il s'agit de la Sainte Trinité du désir humain. Trompé par le fantasme que de telles choses soient réalisables, nous croyons que lorsque cela sera atteint, nous pourrons créer ce que nous voulons et que la vie sera parfaite. Le Gros Livre ne soutient pas cette hypothèse. Il témoigne du fait que nous sommes indisciplinés donc « nous laissons à Dieu le soin de nous discipliner. » Il continue alors à suggérer que nous sommes impuissants et que nous ne pouvons pas nous débrouiller pour contrôler nos vies et la reconnaissance de ceci, c'est la clé de la véritable force. Cela n'obéit pas vraiment à la sagesse humaine classique. Je ne cesse jamais d'être étonné qu'une expression si audacieuse que l'impuissance existe, encore moins qu'elle se développe de cette manière dans de nombreux programmes des Douze Étapes.

Les toxicomanes, les compulsifs invétérés et certains chercheurs spirituels ont quelque chose en commun de surprenant, ils partagent tous le potentiel de voir à travers l'illusion de leur pouvoir personnel. Ce potentiel provient de leur expérience de vie puisqu'ils se retrouvent eux-mêmes sans cesse avec une irrésistible envie de faire quelque chose alors qu'ils savent très bien qu'en fin de compte cela va leur apporter des problèmes.

ANONYMAT

Un mot sur l'anonymat. Les Alcooliques Anonymes et beaucoup de leurs groupes dérivés sont tous des programmes anonymes. Cela signifie que les membres de ces programmes ont toujours pris soin de préserver leur anonymat en public. C'est une tradition vénérable et qui a de nombreux avantages pratiques. Par conséquent, je ne fais aucune réclamation sur l'adhésion dans n'importe quel programme des Douze Étapes, quoique comme vous le verrez bientôt, je sois certainement admissible à plusieurs.

S'il vous plaît permettez-moi de me présenter ... Je suis un cochon. Peut-être pas très actif ces jours-ci, mais à partir de l'âge de seize ans jusqu'à ce que j'ai trente-cinq ans, ma mission principale dans la vie était d'obtenir PLUS. PLUS s'appliquait à tout ce que j'aimais et ce que j'aimais le plus c'était la drogue et l'alcool. Des deux, j'en ai pris beaucoup. C'était comme s'il y avait un énorme trou en moi que je tentais désespérément de combler. Parfois, j'ai pu en avoir assez et le trou était rempli à ras bord, pour un moment j'étais béat de satisfaction et de paix — mais le trou a une fuite au fond — et tout ce que je mettais dedans partait rapidement. Je me retrouvais toujours avec la sensation d'être vide à nouveau, ayant encore besoin de PLUS. A l'époque, c'était la misère de ma vie : PLUS ne s'avérait jamais être assez.

A la fin de la phase active de mon alcoolisme et de ma toxicomanie, mon entreprise qui avait été fructueuse, était en faillite. Mon mariage était mort (même si nous dansions avec espoir autour du cadavre). Je n'étais ni physiquement ni émotionnellement présent ni même pour mes jeunes enfants. Ma santé se détérioriait au point que mes chevilles et mes poignets étaient enflés par un œdème alcoolique. J'ai perdu un peu le contrôle de ma vessie de sorte que je devais fourrer une liasse de papier toilette dans mon pantalon pour éponger une fuite d'urine infime mais constante. Cette couche improvisée nécessitait d'être changée toutes les demi-heures environ. Pendant la journée, je passais autant d'heures que possible dans mon bar local. Je commençais ma journée en fin de matinée, avec du rhum dans mon café pour arrêter les tremblements et une ligne de cocaïne pour être alerte. Chaque matin, quand j'essayais de me brosser les dents, j'avais des haut-le-cœur.

Je vous raconte cela seulement pour vous dire que mon attitude était : « Je vais bien, je n'ai pas de problème. Bien sûr, j'aime boire et me droguer, mais j'ai tout sous contrôle » Vous comprenez bien que j'étais dans un déni total. J'étais littéralement en train de me détruire de l'intérieur, mais je ne pouvais pas le voir. Je n'avais aucune envie de devenir abstinent et en plus, IL N'Y AVAIT AUCUN BESOIN POUR CELA ! J'étais BIEN ! Par ailleurs, je ne pouvais pas supporter d'être entouré de personnes qui ne buvaient pas ou ne se droguaient pas. Manifestement, ils ne comprenaient rien de la grande vie que je menais pendant qu'ils vivaient leurs petites vies ennuyeuses dans la sobriété. C'était bien la dernière chose que je voulais sur terre : être l'un d'entre EUX.

On dit souvent que la seule condition pré-requise pour la sobriété est la volonté. C'est peut-être vrai, mais dans mon cas, de toute façon, je suis certain que ce n'était pas « ma » volonté. En fait, mes besoins, mes désirs et ma volonté n'avaient absolument rien à voir avec les moments clés les plus dramatiques de ma vie (comme je l'expliquerai bientôt). Dans mon expérience, la seule condition requise pour la guérison a été la Grâce, et même, je préfère dire la guérison EST grâce. Ce merveilleux mot, Grâce qui est défini dans le dictionnaire comme : une faveur imméritée de Dieu.

« Imméritée » parce que je n'ai rien fait pour gagner ou mériter ça. « Faveur » signifie que le résultat était, en fin de compte, quelque chose de positif. « De Dieu » signifie qu'une force dans l'Univers, autre qu'un « moi » indépendant et puissant, avait le pouvoir de la provoquer.

LE PREMIER ÉVEIL
(à la possibilité que je n'avais pas le contrôle)

C'était la fin d'un long week-end du Memorial Day en 1985. J'étais très saoul et très chargé en cocaïne, mais ce n'était pas un trip très fun, c'était plutôt un trip malade. » Je n'avais pas dormi depuis des jours et tout ce que je voulais, c'était d'aller dormir. J'ai essayé de fumer de l'herbe très forte et boire du rhum avec l'espoir de m'évanouir, mais ça n'a pas marché. J'étais couché dans mon lit en sueur et je me tournais et me retournais. Soudainement et sans avertissement, j'étais entièrement et totalement sobre. J'ai eu la curieuse sensation que quelque chose quittait mon corps. Je l'ai senti partir, c'était, en fait, l'obsession qui avait fait partie de moi pendant dix-neuf ans qui avait quitté mon corps.

Tout ce que je savais à l'époque était que quelque chose en moi avait radicalement changé — et je dois avouer que je n'étais pas très heureux de cela. Une partie profonde de moi savait que c'était fini, que je n'allais pas être en mesure de continuer ma vie comme je la connaissais. J'avais une peur bleue de la mort. Et bien qu'il fût une heure du matin, j'étais totalement éveillé et douloureusement sobre.

Je ne connaissais rien sur les AA et je n'avais jamais été à une de leurs réunions non plus, mais il m'est soudainement apparu que je devais appeler les Alcooliques Anonymes et m'en remettre à eux. J'ai appelé et malgré l'heure, quelqu'un a décroché le téléphone. Je lui ai demandé où et quand était leur prochaine réunion et il m'a donné l'adresse pour une réunion à 7 heures.

Durant les cinq heures suivantes, je me suis offert une « fête de départ. » J'ai essayé de consommer tout ce qui restait de drogue et d'alcool dans la maison. Fidèle à mon habitude, j'ai pensé que si j'allais vers la sortie, je le ferais de manière spectaculaire ! Je me suis assis à ma table de salle à manger buvant de l'alcool cul-sec et sniffant de la cocaïne à peine mise en poudre... de gros morceaux tombaient hors de mon nez et rebondissaient sur le sol. Je suis resté sobre à un degré totalement exaspérant.

En dépit de ne pas avoir dormi ni m'être lavé depuis des jours, je suis allé à la réunion à 7 heures. Je ne me suis pas présenté comme un nouveau venu, et pourtant les autres avaient l'air de le savoir. Dans l'ensemble, je m'en souviens comme d'une expérience horrible, les lumières blafardes du petit matin filtraient par les persiennes des fenêtres en illuminant les minuscules grains de poussière qui flottaient dans l'air. Des gens agaçants, très propres étaient assis sur des chaises pliantes métalliques disposées en cercle, discutant beaucoup trop au sujet de Dieu. Une femme a même parlé de son expérience du car de ramassage pour le catéchisme ! J'avais secrètement soupçonné que ma vie pouvait finir par en arriver là. C'était comme si j'avais épuisé tout mon quota de plaisir (si vous appelez pisser dans votre pantalon un plaisir...!) et que maintenant j'allais devoir endurer pour le reste de mes jours des réunions à la noix, sans vie comme celles-ci. Si, j'avais eu de meilleures options, quelles qu'elles soient je les aurais saisies.

J'ai quitté cette première réunion avec deux choses qui se sont avérées être des trésors. L'une était un répertoire de toutes les réunions dans la région (dont certaines, ce que j'ai découvert par la suite, étaient beaucoup plus vivantes et plus à mon goût) et l'autre était le Gros Livre des AA contenant les Douze Étapes. A ce moment-là, je n'aurais jamais pu imaginer quelle importance auraient ces Étapes dans les mois et les années à venir, ni comment elles allaient changer ma vie de façon encore plus spectaculaire.

Dans les pages qui suivent, je vais essayer de partager ma relation personnelle avec les Douze Étapes. Toutefois, je dois souligner que je ne suis ni un porte-parole, ni une autorité. Je ne crois pas qu'il existe une seule façon d'aborder les Étapes, tout comme il n'y a pas qu'une seule façon de prier ou de méditer. Une partie de la splendeur des Étapes est leur simplicité et leur universalité. Elles peuvent marcher pour n'importe qui, indépendamment du sexe, de la religion, de la race, de la culture, de la nationalité ou de l'histoire. Il n'est pas nécessaire d'avoir vécu une vie exemplaire. Vous n'avez pas besoin de croire en Dieu ni d'avoir un autre type de compréhension spirituelle. En fait, à mon avis (et je vous assure même si beaucoup de personnes ne sauraient être d'accord) il n'y a absolument AUCUNE condition préalable. Cela signifie que vous pourrez approcher les Étapes de là où vous êtes, en ce moment. Pécheurs ? Vous êtes en bonne compagnie. Menteurs ? Fraudeurs ? Tous sont bienvenus. Égoïstes ? Égocentriques ? Obsédés ? Allez-y, venez ! Vous vous sentirez comme chez vous.

Une remarque : bien que l'alcool et la cocaïne m'aient amené aux Étapes, si les Étapes ont un langage spécifique pour l'alcool, ce caractère spécifique ne limite en aucun cas leur utilisation. Tout au long du livre, s'il vous plaît, n'hésitez pas à substituer l'alcool avec la substance ou le comportement qui a suffisamment perturbé votre propre vie pour le lire.

C'est aussi probablement un bon moment pour souligner que les Étapes ont été écrites par des chrétiens inspirés par les quatre pratiques du Groupe d'Oxford, un mouvement religieux chrétien du début du XXe siècle. Une grande partie du langage et le ton des Étapes et du Gros Livre reflètent cette polarisation. Ce qui rend les Douze Étapes uniques, c'est leur plasticité, leur souplesse et leur absence de dogme. Elles évoquent une humilité naturelle et attrayante. Elles sont incontestablement spirituelles par nature, mais c'est une spiritualité libre et ouverte. Elles ne sont liées à aucune religion en particulier. Elles ne prétendent pas être d'« inspiration divine » et n'affirment aucune morale absolue. Cette absence de dogme et de justesse morale est rassurante pour des gens comme moi qui viennent aux Étapes en étant agnostiques et moralement en faillite. Après tout, il est dur de se disputer avec des gens qui écrivent dans leur livre: « Nous sommes conscients que nous en savons seulement un peu.»

Le sujet de l'impuissance personnelle est également au cœur de l'enseignement spirituel du non-dualisme appelé Advaita. Advaita, est un mot sanscrit qui signifie « non-deux », qui décrit un enseignement ancien pointant vers l'unité sous-jacente de toutes choses.

Cela fait plus de 25 ans que les deux courants : les Douze Étapes et l'Advaita, ont évolué en parallèle dans ma vie. Finalement, le désir de les réunir m'est venu et ce livre est exactement ce que j'essaie de faire.

En fin de compte, les Étapes ont pour propos de regarder profondément dans ce qui est vrai. Lorsque vous vous y engagez rigoureusement, un tel regard SERA inconfortable jusqu'à ce que les Étapes vous poussent hors de votre zone de confort. Avec la Grâce, vous serez poussé hors de votre nid familier et dans une chute libre qui est la compréhension mystique — sans concept, ouverte et libre. C'est un espace au potentiel infini dans lequel vous vous reconnaissez À LA FOIS comme l'Illimité et le limité.

Que cela vous trouve maintenant.

ADVAITA

J'aime l'Advaita. C'est aussi beau pour moi qu'une grande œuvre d'art. Il m'a donné un moyen de vivre confortablement dans ma propre peau, comme je le suis en ce moment, un ensemble de caractéristiques à la fois admirables et défectueuses. Il n'y a rien au monde tout à fait comme cela.

Si vous êtes déjà familier avec les Étapes, mais pas avec l'Advaita, vous pourriez être plutôt surpris de voir comment la compréhension de l'impuissance dans l'Advaita est reflétée dans les indications données par les Étapes. Si vous êtes étudiant en Advaita, mais pas encore en contact avec les Étapes, vous pourriez découvrir grâce à elles certaines pratiques susceptibles d'alimenter votre compréhension de l'essence de l'impuissance. Si vous n'avez aucune connaissance ni des Douze Étapes ni de l'Advaita, accrochez-vous ! Car vous êtes partis pour une chevauchée sauvage et vous allez vivre une expérience très décoiffante !

Comme je l'ai mentionné précédemment, je suis un enseignant dans la tradition Advaita de la non-dualité. En tant que tel, je voyage dans le monde entier depuis 1997 pour rencontrer des groupes de personnes intéressés par le sujet de la Conscience, de Dieu, de la Source, de la Puissance supérieure, de la Totalité ... Appelez cela comme vous voulez. Je suppose que vous pourriez dire que ma description de fonction est maître spirituel ou Guru (un terme autrefois très respecté, maintenant souvent utilisé avec un dénigrement moqueur).

Comment cela m'est arrivé, est au-delà de l'improbable. Si quelqu'un exige la preuve que nous ne sommes pas les créateurs de notre propre destin, ma vie est une preuve amplement suffisante.

Qu'il me suffise de dire que je me suis assis pendant des heures interminables au bar à regarder les rediffusions de vieux matchs de football, avec l'envie de parier sur eux, mes espoirs et mes rêves n'ont jamais vagabondé jusqu'à l'idée que je pourrais un jour écrire des livres sur la Conscience et parcourir le monde en tant que professeur de l'impuissance personnelle, accueilli par des gens dans leur vie et leur maison dans des endroits aussi divers que l'Espagne, la Russie, l'Inde, la Suède, la Turquie et l'Australie (pour n'en citer que quelques-uns). Une telle possibilité était loin, très loin au-delà de ce qu'il m'était possible d'imaginer. Par ailleurs, même après que je sois devenu abstinent et que j'ai développé un intérêt pour les possibilités offertes par l'impuissance personnelle, il ne m'est jamais arrivé d'envisager d'être un enseignant, et encore moins d'être un « Guru. » J'étais parfaitement content d'être un mari, un père et un homme d'affaires. Mais l'Univers avait clairement d'autres projets à mon égard.

LE DEUXIÈME ÉVEIL
(conduisant à l'enseignement vivant)

En 1989, le sentiment que j'étais une entité séparée et indépendante ayant le pouvoir d'être l'auteur de mes propres pensées, de mes sentiments et de mes actions est complètement mort à l'intérieur de « moi », l'entité connue sous le nom de Wayne Liquorman.

Ce soi-disant événement a depuis, marqué la fin de toute possibilité pour que la souffrance puisse survenir à travers moi. Comme vous pouvez le voir, la souffrance est directement liée à la sensation d'être une entité indépendante ayant un pouvoir. Pour quelques personnes (parfois dénommées chercheurs spirituels), c'est ce qui me rend intéressant et désirable et me vaut qu'ils s'assoient autour de moi indépendamment du fait que je parle ou non.

Je dois ajouter rapidement que cet événement n'a pas fait de moi un saint. Un saint est quelqu'un dont le comportement incarne les idéaux les plus élevés d'un groupe quel qu'il soit. Mon comportement, avant et après ce « second éveil », ne représente les idéaux les plus élevés d'aucun groupe et bien que je ne sois plus vraiment un parieur, je serais prêt à parier qu'il ne le sera jamais. Je suis tout à fait ordinaire dans toutes les catégories significatives du comportement. Mais selon les mots du Gros Livre, je ne suis plus « victime de l'illusion qu'on peut arracher la satisfaction et le bonheur de ce monde seulement lorsque l'on s'y prend bien. » Je suis absolument convaincu de ma propre impuissance et ma vie s'écoule en conséquence, parfois calme, parfois turbulente, mais toujours fondée sur la paix sous-jacente.

Cette paix est venue avec la reconnaissance de mon impuissance totale et absolue. C'est une paix qui dépasse toute compréhension ; c'est-à-dire qu'elle n'est pas conditionnelle, elle est transcendante. Elle est là indépendamment du calme apparent ou de la turbulence — TOUT est absolument compris comme cela doit se passer dans une expression parfaite, même si, sur le moment, je ne l'aime pas. Il y a totale acceptation de ce QUI EST dans cet instant.

Vu de l'extérieur, je regarde et j'agis comme tout le monde, tandis qu'à l'intérieur, je suis transformé, pas dans quelque chose de spécial, mais dans CE que nous avons toujours été.

L'Advaita, comme il m'est venu et comme je l'enseigne, est une série d'indicateurs conçus pour encourager une investigation sur qui et sur ce que nous sommes vraiment — je l'appelle l'Enseignement Vivant. Il est sans précepte ni dogme et ne comporte aucune aucune revendication ni promesse. Il n'existe que pour faciliter une quête spirituelle et pour garder la porte ouverte à de nouvelles possibilités. L'Enseignement Vivant pose des questions plutôt qu'il ne fait des réponses, car la bonne question au bon moment peut nous pousser au-delà de ce que nous croyons et voir directement CE QUI EST ici depuis toujours. En tant que tel, tout est inclus, rien n'est exclus dans l'Enseignement Vivant.

L'Enseignement Vivant n'est concerné que par l'énergie de vie qui est ici et maintenant, s'exprimant comme la vie elle-même et à travers nous et comme nous sommes. Il souligne que chacun d'entre nous est en fait un mouvement de cette force de vie qui actualise l'expérience de vie à travers nos esprits et nos corps. Il espère favoriser la compréhension que l'expérience de la vie elle-même, est spirituelle, le reconnaître peut exiger une ouverture assez radicale de votre définition du spirituel. La plupart des gens ont tendance à associer ce qui est spirituel avec les « bonnes » choses seulement, comme celles que nous jugeons agréables, gentilles, bonnes, aimantes et douces, nous déclarons qu'elles sont spirituelles. Pour les choses que nous trouvons dures, gênantes, moches ou désagréables, nous préférons dire qu'elles ne sont pas spirituelles mais matérielles. Cette façon de penser est très enracinée chez la plupart d'entre-nous. Avec la Grâce, nous pourrions être en mesure d'aller au-delà de ce point de vue limité et de l'étendre jusqu'à réaliser que tout ce que nous sommes, tout ce qui est, est spirituel. Le plus grand défi est de voir que le mauvais et le douloureux sont toujours aussi spirituel.

Si tout cela semble être assez ésotérique et obscur (et trop plein de mots en lettres majuscules), Cela l'est, mais en fin de compte, tous les mots et les descriptions n'ont pas vraiment d'importance. Intellectuellement, la compréhension des descriptions est un lot de consolation. Mon espoir en tant qu'animateur de l'Enseignement Vivant et à la fois des Douze Étapes, est que la lecture de ce livre puisse favoriser l'épanouissement du processus de connaissance intuitive à l'intérieur de vous, et finalement vous apporter plus de paix dans votre vie grâce à la reconnaissance directe de QUI et de ce QUE vous êtes vraiment.

Que cela vous trouve maintenant.

LIQUORMAN

Bien, débarrassons nous tout de suite de cela. Oui, je suis né avec le nom de Wayne Liquorman et de l'âge de 16 ans jusqu'à 35 ans, j'ai fait tout ce qui était en mon pouvoir pour vivre à la hauteur de ce nom. Cela a failli me tuer, mais je suis heureux de vous annoncer qu'au moment même où j'écris ce livre, je suis bien vivant. Vivant d'une façon que je n'aurais jamais pu imaginer. Vivant d'une façon que je trouve très difficile à décrire. Je suis tout à fait ordinaire, et pourtant tout ce que je pense, ressens et fais, est au-delà de l'extraordinaire. Ce que je considérais autrefois comme ordinaire est aujourd'hui miraculeux. Ce que je trouve miraculeux, c'est que je sois capable de prendre cette respiration, que l'oxygène soit transféré à mon sang qui circule dans chaque partie de mon corps, me permettant d'avoir cette pensée et d'écrire ces mots. Il est miraculeux que je puisse ressentir la douleur des autres et d'être concerné par ce qui leur arrive. Il est miraculeux que la compulsion irrésistible de boire de l'alcool et d'utiliser des drogues ait disparu et demeure absente. Il est miraculeux que cette entité appelée Wayne vive comme une partie intégrante du TOUT CE QUI EST sans aucun sens d'avoir un pouvoir personnel.

Pour moi, aujourd'hui, l'ordinaire et l'extraordinaire sont une seule et même chose, de même que le spirituel et le matériel, ainsi que moi et l'autre. Je considère que cette reconnaissance intuitive du « Un dans le multiple » est l'éveil spirituel dont parlent aussi bien les Douze Étapes que l'Advaita.

Que cela vous trouve maintenant.

ÉTAPE UN

« Nous avons admis que nous étions impuissants devant l'alcool — que nous avions perdu la maîtrise de notre vie. »

L'essence de la première Étape : est l'impuissance. Nous sommes impuissants devant _____ (n'hésitez pas à remplir l'espace vide en toute liberté avec ce qui vous correspond) et notre vie nous est devenue incontrôlable. Que nous puissions être réellement impuissants devant quelque chose est la fissure dans le mur qui laisse un peu de lumière filtrer à l'intérieur. Au début, c'est souvent seulement un petit rayon de lumière, mais il nous permet d'entrevoir la vérité qui est ici et maintenant.

Les Étapes nous amènent peu à peu à cette notion d'impuissance. Le point d'entrée réside dans notre expérience personnelle d'être sans pouvoir sur quoi que ce soit et c'est justement ce qui nous amène aux Étapes.

L'Étape Un ne cherche pas à nous convaincre de quoi que ce soit. Bien au contraire, elle nous invite tout simplement à examiner à partir de notre propre expérience.

Après tout, si nous avions vraiment le pouvoir sur _____ tout d'abord, nous ne serions pas ici. Pas vrai ? Le Gros Livre est si catégorique au sujet de cette reconnaissance de notre impuissance qu'il dit : si vous n'êtes pas absolument convaincu que vous êtes impuissant à ce sujet (peu importe le sujet) alors, allez-y et essayez de le contrôler. Testez vous-mêmes cette hypothèse d'un pouvoir personnel. L'impuissance n'est pas une théorie ou un concept philosophique. La Vérité vivante doit être vue pour être crue et la meilleure façon de la voir est de regarder à l'aune de votre propre expérience.

Tout le monde a des problèmes qu'ils soient d'ordre financier, conflictuels au travail ou au domicile ou encore une maladie physiologique, et même si tout va bien et que vous soyez dans l'abondance, les problèmes surgissent encore. Ces problèmes quotidiens vont et viennent, ils font tout simplement partie de la vie humaine. Ceux d'entre nous qui sont impliqués dans les Douze Étapes sont concernés par un tout autre type de problème. Qu'il s'agisse d'alcool, de drogue, de nourriture, de jeu, d'une recherche spirituelle obsessionnelle, de sexe, bref, tout ce qui est vaguement décrit comme dépendance. Or une addiction n'arrive pas pour repartir aussi vite. Contrairement aux problèmes qui vont et viennent, les addictions prennent racine et croissent ensuite sans relâche, et elles finissent par envahir et contaminer tous les aspects de la vie. Eventuellement, elles finissent par se confondre avec la vie elle-même. Au lieu d'avoir un problème, nous SOMMES le problème ! Il semble que si nous détruisons le problème, nous allons nous détruire nous-mêmes.

La plupart des gens viennent aux Douze Étapes parce qu'ils ont une dépendance à quelque chose. Un toxicomane, dans un moment de lucidité, peut entr'apercevoir sa propre impuissance par rapport à une substance ou à un comportement particulier. Habituellement, au début, c'est juste un aperçu qui fait dire simplement : « j'ai un problème avec quelque chose » mais c'est un point de départ important. C'est le début de la reconnaissance de notre propre impuissance.

Avant d'en arriver aux Étapes, ma vie était polarisée à essayer d'obtenir PLUS de pouvoir. Il me semblait que tous mes problèmes résultaient de ne pas avoir assez de pouvoir. Il m'était totalement impossible d'imaginer comment l'impuissance allait pouvoir m'aider. Je ne m'attendais pas, lorsque j'ai ouvert le Gros Livre des AA, à ce que ce soit la porte ouverte vers une vie inimaginable. Tout ce que je savais à ce moment-là, c'est que quelque chose de grand et probablement tragique m'était arrivé la veille au soir. J'étais sobre et pas très à l'aise. Je me sentais bien seul dans ce que je pensais être une situation unique. Quoique ma vision de l'avenir fût plutôt sombre et pessimiste, le Gros Livre fut une révélation immédiate. J'étais révolté par la mention incessante de Dieu, et pourtant j'ai identifié immédiatement les comportements et les sentiments décrits. Il y avait là quelque chose qui m'interpelait mais je ne savais pas ce que c'était. Aujourd'hui, je peux regarder en arrière et voir que j'étais comme un enfant qui joue avec des diamants. J'étais attiré par la luminosité brillante mais je n'avais aucune idée de l'énorme valeur de ce que je tenais entre mes mains.

A cette première réunion de sept heures du matin, les gens ne semblaient pas du tout comme moi. Après tout, j'étais resté éveillé durant la plus grande partie de ces quatre derniers jours, l'alcool suintait de mes pores et mon attitude envers la vie n'était pas vraiment positive. Les autres personnes de la réunion n'étaient pas comme cela. Il me semblait totalement improbable que je puisse gagner quelque chose en m'associant à eux. Si j'avais eu le pouvoir de contrôler les choses, je serais volontiers retourné à la vie que j'avais vécue pendant tant d'années et je serais aujourd'hui, sans aucun doute, mort depuis longtemps. Mais ce pouvoir de contrôler les choses n'était pas le mien, et bien que je ne l'ai pas réalisé tout de suite, il n'avait jamais été le mien.

A partir de mon point de vue actuel, en tant que professeur de l'Enseignement Vivant de l'Advaita, je vois que si l'on pouvait totalement et absolument faire passer le message de l'impuissance de la première Étape (avec toutes ses implications), il ne serait pas nécessaire de traverser les onze Étapes suivantes. Mais c'est avec un énorme « Si ». Pendant toutes les années de mon association avec les Étapes, je n'ai jamais rencontré quelqu'un qui ait tout vu tout de suite. Pour la plupart d'entre nous, il s'est agi d'un processus graduel.

LE FAUX SENTIMENT D'ÊTRE AUTEUR

La question du pouvoir personnel est au cœur de l'Étape Un et de l'Enseignement Vivant. Afin de mieux répondre à cette question, j'utilise le terme « Faux sentiment d'être auteur », ou FSA pour faire court. Comme il est très important, et parfois difficile de le reconnaître, nous allons examiner ce faux sentiment d'être auteur en détail tout au long de ce livre.

Durant les premières années de notre vie, nous, les êtres humains, nous nous trouvons dans un état d'émerveillement et de présence immédiate, où alternent le contentement et l'inconfort, le bonheur et la tristesse, le plaisir et la douleur. Puis, vers l'âge de deux ans, quelque chose se passe en nous. C'est quelque chose qui arrive à chaque être humain. Nous commençons à voir le monde différemment. Nous commençons à penser que nous sommes séparés, indépendants et puissants. C'est, en fait, une des croyances les plus communes chez l'homme. Nos parents, nos écoles, nos églises et notre société ne font que renforcer constamment ce sentiment que nous sommes séparés et puissants. Attitude symbolique de cela, nous cessons de nous référer à nous-mêmes à la troisième personne et nous commençons à faire référence à « JE. »

A partir de ce tournant, nous commençons à accumuler un catalogue de choses que « Je » peux faire. Nous apprenons le nom des choses et développons la capacité d'effectuer des tâches sans l'aide de nos parents. Le sentiment que non seulement nous pouvons les *faire*, mais aussi que nous en sommes les *auteurs*, accompagne presque toutes ces choses. Être « auteur » de quelque chose signifie avoir le sentiment que « je » suis la source autonome et exclusive de la création de cette action. Quand nous revendiquons la paternité d'être auteur, nous disons : « JE » ai généré le pouvoir de faire bouger les choses et de les contrôler. Il y a seulement un problème... Ce sentiment, si universellement considéré comme étant vrai, après enquête, se révèle être en réalité totalement faux. L'enquête est essentielle. La reconnaissance que nous avons ce faux sentiment d'être auteur (FSA), puis en découvrant qu'il est effectivement faux, est la clé pour réaliser quelque chose d'inattendu et de tout à fait extraordinaire. Mais pour le voir, nous devons d'abord regarder.

Pour ceux d'entre vous qui sont familiers avec le Gros Livre, il sera peut-être utile de penser au FSA comme ce que le Gros Livre appelle le « moi » ou l'« ego ». Pour l'instant, il n'est pas nécessaire de se plonger trop profondément dans ce sentiment de puissance que nous appelons le FSA, mais il est utile de voir qu'il existe en vous si vous pouvez l'identifier. Faite une petite pause ici d'une minute pour simplement jeter un œil en vous-même. **Voyez si vous pouvez reconnaître que vous avez le sentiment que vous faites en sorte que les choses arrivent, un sentiment que vous êtes l'auteur de ces choses.** Pouvez-vous identifier en vous-même le sens d'être responsable pour que les choses se passent bien ? Ne vous sentez vous jamais coupable quand les choses vont mal ? Si c'est le cas, c'est lié à l'idée que vous avez le pouvoir d'être l'auteur de ces choses.

Je vous demande instamment de ne pas passer cette Étape. S'il vous plaît fermez le livre et prenez un moment pour réfléchir...

~~~

Si vous avez décidé de passer outre sans vous soucier de faire une pause, je peux le comprendre. J'aurais d'ailleurs probablement fait la même chose. Cependant, tout n'est pas perdu. Nous allons continuer à regarder de près ce sentiment au fur et à mesure que nous progressons et peut-être arriverez-vous à le voir en avançant. Cette partie est d'une importance cruciale et la clé de la compréhension que ce livre espère favoriser bien qu'il ne soit pas nécessaire de tout comprendre immédiatement. Pour l'instant, il suffit simplement de jeter un regard vers l'intérieur, pour avoir peut-être un aperçu de l'impression de puissance et de contrôle qui y réside.

SOMMES-NOUS IMPUISSANTS ?

Les Étapes et l'Enseignement Vivant doivent avoir un point d'entrée pour avoir un effet. Pour moi, une fois que le brouillard de la drogue et de l'alcool s'est dissipé, il a été facile de voir que pendant les dix-neuf années précédentes, ces substances me contrôlaient. Je ne les ai jamais contrôlées. Ou bien pour le dire avec les termes des Douze Étapes, j'étais impuissant devant l'alcool. Chacun de nous a son propre moment de clarté qui permet d'entrevoir la vérité et la façon dont les choses SONT en réalité. Comment, ou quand cela arrive, est tout à fait impossible à prédire.

Une fois que ce moment de clairvoyance se produit, nous faisons face à la vérité toute nue : si nous avions eu du pouvoir sur la substance ou sur notre comportement initial qui nous a amené à cette situation, nous aurions pu l'arrêter dès que nous aurions remarqué que cela nous créait des problèmes. Nous sommes bien forcés de conclure que, soit nous n'avons pas eu le pouvoir de le voir, soit que nous n'avions pas le pouvoir de l'arrêter.

C'est le point d'entrée de la reconnaissance de l'impuissance personnelle. Malheureusement, la question de l'impuissance est rarement simple. Pourquoi est-elle compliquée ? Parce que de temps en temps, nous avons *l'apparence* que nous pouvons contrôler. Par exemple, il nous est possible de penser : « je ne pense pas que je vais me livrer à mon comportement addictif aujourd'hui » et ensuite, nous nous y tenons. C'est la corrélation entre notre intention et la conséquence réussie qui nourrit le faux sentiment d'être auteur (FSA) et sa revendication de pouvoir contrôler les choses. Le fait que pour une centaine d'autres occasions, nous avons eu la même intention mais nous avons agi de façon contraire à notre intention, n'est même pas pris en compte par le FSA. Le Gros Livre dit que la grande obsession de chaque alcoolique est de « contrôler et de profiter de sa consommation d'alcool. » Il est possible de le dire d'une autre façon : le désir d'un alcoolique est d'avoir du pouvoir sur l'alcool.

Si vous prenez en considération votre pouvoir personnel ou votre impuissance, peut-être aurez-vous envie de vous pencher sur ces questions : si vous pouvez contrôler quelque chose une fois sur dix, est-ce que cela signifie que vous avez un pouvoir sur elle ? Que diriez-vous si vous pouviez la contrôler la moitié du temps ? Pensez-vous alors avoir un pouvoir sur elle ? Que diriez-vous si vous pouviez la contrôler la majorité du temps ? Ou bien, est-ce une question de tout ou rien ? Avez-vous ou n'avez-vous pas le pouvoir sur quelque chose ?

La première Étape s'articule autour de ces questions. Personne ne peut y répondre à votre place. Tant que vous croyez avoir un certain pouvoir (même partiel ou occasionnel) sur votre problème, votre substance ou votre comportement, il est inutile de vouloir aller plus loin dans les Étapes. Espérons qu'à un certain moment, vous allez être en mesure de voir que c'est vraiment une proposition du tout ou rien. Dire (ou penser) avoir du pouvoir quelquefois sur quelque chose et d'autres fois non, signifie que finalement vous n'avez pas le contrôle. Savez-vous quand votre pouvoir soi-disant fonctionne et quand il ne fonctionne pas ? Si vous pouviez le contrôler, ne croyez vous pas qu'il fonctionnerait tout le temps ? Pouvez-vous voir que si vous avez parfois *l'impression* d'avoir du pouvoir, *vous n'avez toujours pas encore la capacité de contrôler le moment où vous l'avez et où vous ne l'avez pas* ? C'est, au point ultime, la reconnaissance de la totale impuissance que vise la Première Étape.

Le bon côté de ces Étapes, c'est qu'elles ne cherchent pas à vous convaincre de quoi que ce soit. Elles ne sont pas des règles ou des vérités évangéliques ... Elles sont justes des guides. Ainsi, les Étapes ne vous disent pas que vous êtes impuissant, elles vous invitent à examiner la question par vous-même. Vous êtes libre d'en tirer vos propres conclusions, les Étapes difficiles restent toujours là, pour défier vos conclusions si vous vous trompez.

Si vous pouvez boire un ou deux verres de vin avec votre repas tout en continuant à vivre une vie productive en possession de tous vos moyens — faites-le ! Si vous êtes un chercheur spirituel et que vous pouvez intégrer vos activités spirituelles dans une vie riche et épanouie, pas de problème. Si vous pouvez aller de temps en temps à l'hippodrome pour parier ce que vous pouvez vous permettre de perdre, alors profitez-en ! Si vous pouvez prendre une seule boule de crème glacée et ensuite remettre le pot au réfrigérateur jusqu'au lendemain — pas de problème ! Pour vous, « Chapeau bas » comme il est dit dans le Gros Livre. Mais, si vous ne le pouvez pas, alors peut-être avez vous atteint le seuil de la reconnaissance de votre propre impuissance, au moins sur une chose.

Ceux qui ont écrit les Étapes les introduisent en disant: « Voici les Étapes que nous avons établies et que nous proposons comme programme de guérison. » Ils ne vous disent pas ce que vous devez faire ou ce que vous devez croire. Au contraire, ils partagent leur « expérience, » leur force et leur espoir, en vous invitant à prendre tout ce que vous trouverez de précieux pour vous.

Ici ou ailleurs, c'est le bon moment pour souligner qu'il n'y a pas d'autorité centralisée dans la totalité des programmes des Douze Étapes. La seule condition pour devenir membre est le désir d'arrêter le comportement qui vous amène en premier lieu à ces Étapes. En termes pratiques, cela signifie qu'il existe une diversité incroyable dans l'interprétation et la pratique de ces Étapes. Les personnes étant des individus, s'organisent en groupes et en sous-groupes, chacun avec des opinions bien arrêtées et des convictions sur la meilleure façon de faire les choses. Le miracle perpétuel des Douze Étapes avec leurs différents programmes associés, c'est qu'elles sont suffisamment élastiques pour contenir l'ensemble des émotions, des fermes convictions, des opinions et des personnalités différentes sans être mises en échec.

INGOUVERNABLE

La deuxième partie de la première Étape raconte comment ceux qui ont écrit les Étapes les ont découvertes ; leur propre introspection leur a révélé que non seulement ils étaient impuissants devant l'alcool mais que leur vie était ingérable. On assiste à une montée des enchères sur la question de l'impuissance. Vous pourriez reconnaître que vous ne pouvez pas contrôler la chose qui vous a amené aux Étapes, mais ne pas pouvoir gérer votre vie est une tout autre affaire. Ceci est particulièrement le cas, si vous avez encore un emploi, une maison, une famille, etc. Le FSA s'attribue le mérite en disant : « Regardez comme je sais bien gérer — sans moi (le FSA), tu n'aurais aucune de ces choses. C'était moi qui t'ai fait sortir du lit pour que tu ailles travailler et c'était encore moi qui t'ai donné la capacité de maintenir une relation. Je suis responsable de tout cela. Et ne l'oublie pas ! C'est une voix à la fois forte et familière — après tout, elle a été avec vous depuis que vous avez l'âge de deux ans. La question que nous examinons à travers ce livre est la suivante : Est-ce que cette voix dit vrai ?

Cela me rappelle une scène que j'ai vue à Mumbai, en Inde, sur une route très fréquentée qui va à la colline de Malabar. Nous sommes passés devant un homme assis sur une palette de bois brute jonchée à même le sol juste à côté du chaos de la circulation typique des villes indiennes. Les pneus des voitures, des camions et des autobus passaient à toute allure à quelques centimètres de lui. Il était tranquillement assis en balançant ses bras, dirigeant le flux des chauffeurs qui klaxonnaient sauvagement sur la route devant lui. Il était l'icône parfaite de ce que nous appelons le FSA — cet aspect de nous-mêmes qui prétend avoir (faussement) le contrôle des commandes. Si vous aviez demandé à cet homme sur le bord de la route, ce qui pourrait bien arriver s'il cessait de diriger le trafic, sans aucun doute, il vous aurait dressé un tableau sombre avec des accidents, des bouchons et des chauffards à la conduite dangereuse. Il aurait pu vous dire alors avec fierté regardez comment les choses vont bien avec moi comme responsable.

Je peux imaginer sa réaction si vous aviez eu l'audace de mentionner seulement que c'était vrai, le trafic s'écoulait en douceur à ce moment-là, alors qu'il y avait eu plusieurs accidents et des embouteillages monstrueux, un peu plus tôt ce jour-là ! Ce bonhomme laborieux aurait sans aucun doute concédé que oui, parfois il y avait des problèmes, mais je suis sûr qu'il croyait que sans lui, assis là, balançant ses bras, cela auraient été BIEN PIRE !

RENCONTRE AVEC RAMESH S. BALSEKAR

Deux ans après avoir été « frappé par la sobriété », j'ai eu la très grande chance de rencontrer un homme des plus extraordinaire. Il s'appelait Ramesh S. Balsekar et il était dans ma ville natale de Los Angeles parlant à des petits groupes de gens intéressés par la non-dualité et l'impuissance (peu connue en dehors de l'Inde), selon l'enseignement appelé Advaita. Pour un Guru venant d'Inde, il était tout à fait inhabituel. Il avait été le président de la Banque de l'Inde et venait tout juste de prendre sa retraite. Il avait fait ses études au London School of Economics ; père de famille, fervent joueur de golf, pour beaucoup un « homme de ce monde. » Il ne s'était pas retiré du monde ni des gens. Il ne portait pas de robe ou quelque uniforme spirituel que ce soit, ne vivait pas dans un ashram et ne racontait pas des poncifs fleuris au sujet de tout ce que vous devriez et ne devriez pas faire. De manière totalement terre-à-terre, il parlait de découvrir par vous-même ce qui est « Réel » de ce qui est faux. Il encourageait les gens à s'interroger sur leurs vérités détenues depuis longtemps dans l'espoir qu'ils pourraient voir au-delà de l'aspect limité, vers l'Infini, dont est fait le limité.

Peu de temps après l'avoir rencontré, j'ai eu l'occasion de partager avec lui l'insécurité que je ressentais en ce qui concernait mon manque de connaissance « spirituelle ». Je lui avais déjà parlé au sujet de mon récent abandon de l'alcoolisme et de la recherche subséquente de réponses au sujet de cette Puissance Supérieure qui m'avait amené à le rencontrer. Mais la plupart des gens qui venaient à ses réunions était des chercheurs spirituels vétérans et j'étais un novice, cela faisait tout juste deux ans que j'avais quitté les bars et les maisons de drogue. Ainsi, je me sentais souvent un peu perdu et hors de propos, un peu comme un élève de CP dans un cours de maths de Terminale S. Avec la patience et la bonté qui le caractérisait, il m'a familiarisé avec le concept de *sadhana*. *Sadhana* est un mot sanscrit qui signifie « le chemin vers l'accomplissement de quelque chose. » Habituellement, elle est associée à des pratiques traditionnelles comme la méditation, le chant, la dévotion, être au service des autres ou encore la prière. Il m'a dit que la *sadhana* décrit les moyens par lesquels il s'agit parfois de créer une fissure dans l'armure du faux sentiment d'être l'auteur. Et, il a ajouté : « Dans votre cas, Wayne, la *sadhana* avait été de boire et de prendre des drogues pendant toutes ces années. »

Je ne peux pas, en toute bonne conscience, vous recommander de suivre cette *sadhana* si particulière avec l'espoir d'obtenir les mêmes résultats que j'ai eus car elle risque de vous tuer. Mais au fil des années, j'ai rencontré pas mal de gens dont la *sadhana* a été une sorte de comportement addictif. La différence majeure est que la plupart des personnes engagées dans une *sadhana* traditionnelle croient qu'ils sont responsables de la faire, tandis que pour ceux qui suivent une *sadhana* liée à la dépendance, il y a une reconnaissance quasi universelle qu'ils ne peuvent pas la contrôler, tout au moins leur dépendance. Quand il y a rétablissement, il est vu qu'il s'agissait simplement d'un événement qui a finalement bien tourné — la Grâce.

En tant que professeur de l'Advaita, la plupart des gens que je rencontre ne sont pas des toxicomanes dans le sens traditionnel du terme (même si beaucoup d'entre eux pourraient être qualifiés comme des toxicos accros de la recherche spirituelle). J'ai observé que les personnes souffrant de dépendances sont propulsées dans la possibilité de voir l'impuissance d'une manière différente que les non-toxicomanes.

La plupart des non-toxicomanes qui viennent m'entendre parler de l'Enseignement Vivant, ont connu une sorte d'évènement dramatique et même souvent traumatisant dans leur vie. Ce type d'événement provoque un moment de clarté dans lequel ils entrevoient l'unité sous-jacente de toutes choses. Un désir de comprendre, ou bien de « retrouver » cette unité provoque souvent la recherche spirituelle. D'une certaine façon, certains d'entre-eux ont spontanément senti ou même reconnu leur propre impuissance. L'Enseignement Vivant sert de point d'entrée pour explorer davantage ces idées initiales mais qu'il permette l'ouverture initiale à la possibilité d'une impuissance personnelle n'est pas le plus important — c'est l'ouverture elle-même qui est cruciale. Sans elle, la notion d'être une personne impuissante reste pour la plupart des gens une idée ridicule voire même dangereuse.

L'Enseignement Vivant n'est rien d'autre qu'un ensemble d'indicateurs qui permettent d'identifier le faux sentiment d'être auteur — en effet, le sentiment éprouvé par tous les êtres humains à environ l'âge de deux ans, est d'être séparé en une **entité indépendante et ayant un pouvoir**. Cet enseignement encourage à faire une profonde enquête sur ce sentiment pour déterminer s'il est effectivement vrai. La raison de cette orientation est que ce sentiment que je suis séparé, indépendant et ayant le pouvoir (FSA) est relié à toutes les souffrances dans la vie. Nous nous sentons coupables parce que nous avons le sentiment que nous aurions pu et dû agir autrement. Nous haïssons les autres, car nous avons le sentiment qu'ils auraient pu et auraient dû agir autrement, en se comportant mieux avec nous, ou qu'ils ont délibérément choisi de nous faire du mal. S'ouvrir à la possibilité qu'il existe une autre façon de voir les choses est, en effet, une grande bénédiction ! Les avantages d'une telle ouverture ne sont pas ésotériques ou abstraits car en voyant la vérité de ce qui EST, en ce moment, cela nous soulage de la servitude du FSA, et ce qui nous permet de marcher sur la terre en paix, indépendamment des circonstances.

" De temps en temps, il arrive que les gens réalisent qu'ils n'ont pas à vivre les choses comme on leur a dit qu'ils le devaient." .

–Alan Keightley

L'Enseignement Vivant vous invite à regarder attentivement dans vos propres expériences, et en particulier celles qui ont infusé de la culpabilité ou de la fierté. Avec la Grâce, vous identifierez en effet la source ultime de vos pensées, de vos sentiments et de vos actions de votre propre existence.

Comme je l'ai dit plus tôt, je n'ai jamais rencontré quelqu'un qui, lors de la première fois, a embrassé l'Étape N°1 totalement et complètement, y compris avec toutes ses implications. À ce stade précoce dans les Étapes, nous ne sommes pas censés croire autre chose que nous sommes impuissants devant la seule chose qui nous a amenés si bas pour que nous ayons besoin d'aide, et que nos vies pourraient être améliorées. Le parcours pour reconnaître que *certaines choses* sont hors de notre contrôle jusqu'à la *connaissance* intuitive que *tout* est hors de notre contrôle, peut être long... Mais les Étapes sont patientes — et bien plus patientes que nous.

Les onze prochaines Étapes comprennent un plan magnifique pour transformer la première ouverture en une réalité durable.

Que cela vous trouve maintenant.

ÉTAPE DEUX

"Nous en sommes venus à croire qu'une Puissance Supérieure à nous-mêmes pouvait nous rendre la raison."

Les personnes qui ont écrit les Étapes, déclarent que leur but est de « nous permettre de trouver une puissance supérieure à nous-mêmes, ce qui permettra de résoudre notre problème. » Notez qu'ils ont dit qu'un pouvoir plus grand que vous « résoudra votre problème. » Mais, ils n'ont PAS dit que cette puissance pourrait VOUS aider à résoudre votre problème. Il s'agit d'une distinction importante. Dans la première Étape, vous avez admis que vous étiez impuissants devant quelque chose et que jusqu'à un certain point vous ne pouviez pas gérer votre propre vie. Autrement dit, la première Étape est de reconnaître que vous avez un problème et que vous ne pouvez pas le résoudre avec votre propre pouvoir. Cela pourrait bien être un « scoop » pour vous ou pas.

Dans la deuxième Étape, nous avons notre premier aperçu d'une solution qui ne dépend pas de nous. C'est souvent un grand obstacle. Le FSA est fort dans sa prétention à mener la danse alors, même s'il a reçu un coup sur la tête dans la première Étape, il est résistant. Le FSA est très enclin à admettre à ce stade qu'il pourrait peut-être utiliser un peu d'aide pour résoudre le problème et pourrait proposer une sorte de partenariat avec Dieu. Dieu pourrait être le partenaire silencieux dans l'affaire. Dieu peut fournir un peu de puissance et nous (le FSA) gérerons et contrôlerons le reste. Une grande partie de la population mondiale fonctionne sur ce modèle. Mais l'Advaita et les Étapes pointent vers une possibilité beaucoup plus radicale, quelque chose de beaucoup plus grand et de plus complet.

Si vous regardez profondément dans votre expérience de votre propre sentiment de puissance, vous pouvez reconnaître que le FSA saisit toutes les occasions pour se réaffirmer lui-même. S'il y a rétablissement pour le toxicomane grâce au programme des Douze Étapes, le FSA sera prompt à en réclamer le crédit, en montrant le bon programme qu'il a suivi et la forte volonté qu'il a employée. S'il y a rechute le FSA la revendiquera sous forme de culpabilité pour toutes les réunions manquées, ou de ne pas avoir fait assez d'efforts ou bien tout simplement d'avoir été mauvais. Pour le chercheur spirituel, s'il y a des progrès en réduisant le sentiment de pouvoir personnel et de contrôle, le FSA va souligner avec fierté ce progrès spirituel. Si le sentiment de pouvoir personnel et de contrôle se réaffirme lui-même, le FSA va prétendre qu'il faut redoubler d'efforts pour revenir à un plus haut degré de conscience !

Le FSA est simplement un autre nom pour cet aspect de nous qui « joue à Dieu. » Il prétend être l'auteur et donc responsable de nos pensées, de nos sentiments et de nos actions. Encore plus insidieux que cela, il prétend en réalité ÊTRE nous. Cela se produit depuis si longtemps qu'il n'y a plus aucun doute. Nous supposons simplement que nous sommes les auteurs de nos pensées, de nos sentiments et de nos actions. La question essentielle soulevée directement dans l'Enseignement Vivant et indirectement à travers les Étapes est : est-ce que cette revendication est vraie ?

FOLIE

Il y a une phrase à la deuxième Étape que vous avez probablement remarquée — « Nous rendre la raison. » Retrouver la santé mentale implique que nous sommes actuellement dans la folie — proposition, qui pour beaucoup d'entre nous, peut paraître un peu dure. Si vous avez un problème avec cela, il peut être utile de définir le terme. La folie n'a pas besoin d'être limitée à l'image de ceux qui sont enfermés et sous contraintes. Une définition courante de la folie est de continuer à répéter le même comportement tout en espérant des résultats différents. Cette définition permet à quiconque qualifié pour le programme des Douze Étapes de voir cette folie à l'intérieur de lui-même : « Je vais juste boire un verre… Je vais manger un seul biscuit… Je vais juste faire un pari… Je vais le faire juste une dernière fois. Et, cette fois-ci, ce sera différent. Cette fois, sûr je vais contrôler. Cette fois-ci, il n'y aura aucun problème. « Qu'est-ce que nous pourrions avoir de plus fou ? »

Dans l'Enseignement Vivant de l'Advaita, la définition de la folie est de vivre une existence illusoire, de ne pas être en phase avec la façon dont les choses sont en réalité. Cette définition est à la fois subtile et difficile. En effet, comment pourrions-nous savoir si nos perceptions sont illusoires, en particulier si la plupart des gens autour de nous partagent la même illusion ? Dans l'Enseignement Vivant, la solution proposée est de regarder profondément en nous-mêmes avec curiosité et ouverture d'esprit, sachant tout le temps que c'est une Puissance Supérieure à nous-mêmes (Dieu, Source, Conscience) qui alimente la recherche.

Je suppose que je devrais m'arrêter ici pour parler un peu de mon attitude initiale vis-à-vis du concept de Dieu. Au début, quand j'ai regardé les Étapes, j'avais une certaine arrogance et finalement une antipathie inexpliquée à l'idée même de Dieu. C'était un préjugé, même si à l'époque je suis sûr de vous l'avoir déjà dit, c'était une conclusion logique et réfléchie. En ce qui me concernait, Dieu était un concept inventé par l'homme pour expliquer l'inexplicable — bref, une superstition. Croire en Dieu était un signe de faiblesse personnelle. En outre, il s'agit d'un concept qui a été utilisé pour commettre des atrocités indicibles, des Croisades à l'Inquisition, du *djihâd* aux innombrables guerres saintes, sans oublier les prêtres dépravés souvent ivres, à la Une des journaux. Pour discréditer la religion et par extension Dieu, c'est aussi facile que de tirer sur une vache dans un couloir — et cela l'est toujours.

Avec une profonde sagesse, les Étapes n'ont pas essayé de me convaincre que j'avais tort. Aujourd'hui comme hier, elles sont sans aucun lien avec les religions institutionnelles ni avec les définitions de ce que Dieu est ou n'est pas. En termes de doctrine, il n'y a tout simplement rien au sujet duquel être en désaccord, ou à ridiculiser ou à briser. En l'absence de la diversion d'une idée à débattre, je me suis retrouvé à regarder en moi-même. Un espace s'est créé dans lequel j'ai commencé à me poser des questions fondamentales et finalement libératrices.

Ce que j'ai trouvé le plus difficile a été d'essayer de comprendre la Vérité qui sous tend tous les concepts. Ayant été littéralement frappé par la sobriété au milieu de la nuit, sans avertissement et sans aucun désir d'être sobre, je me retrouvais dans dans une position inconfortable. Ma longue conviction d'être athée et le sentiment que j'étais maître de mon propre destin ont été ébranlée à la racine. Je ne pouvais pas remettre en question le fait que l'obsession si longtemps vivace en moi, avait disparu. Et, il est tout aussi clair pour moi que je ne l'avais pas fait disparaître. Alors, qui ?

Pour ceux qui ont des difficultés avec le concept de Dieu ou d'une Puissance Supérieure, je voudrais offrir une autre façon de le regarder : Circonstance. Lorsque vous regardez votre propre histoire, vous pouvez facilement voir comment les Circonstances entrent dans votre vie et vous propulsent dans de nouvelles directions. Un(e) inconnu(e) franchit la porte, vous vous rencontrez et votre vie change, vous tombez amoureux, ou bien vous découvrez une nouvelle façon de voir les choses et tout à coup votre monde est différent. C'est la puissance de la circonstance et la plus importante qualité de la circonstance, c'est que vous êtes impuissant à la contrôler.

Un exercice de l'Enseignement Vivant est de prendre une grande feuille de papier, mettez-la à l'horizontale, puis tracez une ligne au milieu de gauche à droite.. Cette ligne sera la chronologie de votre vie. Au début de la ligne écrire le mot « naissance » et ensuite commencez à noter chronologiquement les événements importants de votre vie. Si vous les considérez comme positifs les écrire au-dessus de la ligne (plus vous les considérez positifs, plus vous les notez haut au-dessus de la ligne). Pour les événements considérés négatifs, les écrire en dessous de la ligne (de même, pour ceux que vous considérez comme les pires, placez les au plus bas de la ligne). Faites cela pour tous les événements importants jusqu'à aujourd'hui. Lorsque vous avez terminé, regardez le rôle des circonstances dans tous ces événements de votre vie. Ce sera une véritable révélation.

Les Douze Étapes sont un voyage, pas une destination. La deuxième Étape est en elle-même, pour certains d'entre-nous, un mini-voyage. En venir à croire qu'il y a une puissance supérieure à notre ego qui est responsable de tout, est un processus graduel. En y repensant maintenant, de nombreuses années plus tard, je vois qu'elle se glissa en moi alors que j'essayais de ramper vers elle. Mais, au début, j'étais en mission et je voulais des réponses. Et, avec mon impatience typique, je les voulais — là, tout de suite !

J'ai mentionné que reconnaître l'impuissance vis-à-vis d'au moins un aspect de notre vie était un peu comme une fissure dans le mur durant la première Étape. Après avoir achevé la première Étape, la fissure dans le mur s'élargit un peu en voyant les illusions que le FSA avait construites durant l'essentiel de ma vie passée. Cette fissure était encore petite mais permettait à la lumière de briller suffisamment à travers pour me rendre compte qu'elle était là. Une fois que j'ai vu cette lumière, j'ai commencé à creuser la fissure, en l'élargissant petit à petit chaque fois. Ce dévoilement a pris plusieurs formes.

Parmi les nombreuses bénédictions que j'ai reçues, l'une des plus grandes a certainement été d'avoir rencontré Lee. Lee était abstinent et sobre depuis neuf ans et il venait de rentrer récemment d'un pèlerinage spirituel en Inde. Il avait constitué une bibliothèque spirituelle vaste et diversifiée qu'il m'a invité à consulter en me disant : « Prenez ce qui vous attire, essayez-le et si ce n'est pas à votre goût, ramenez-le et essayez autre chose. »

C'est ainsi que j'ai été mis en contact avec les écrits des mystiques chrétiens tels que Joel Goldsmith et Maître Eckhart, les bouddhistes tels que Thich Nhat Han et Pema Chodron, les écrivains taoïstes Lao Tseu et Tchouang-tseu, les Hindous modernes tels que Osho et Ram Dass, plus un assortiment de mystiques, juifs, soufis et quelques autres éclectiques comme Alan Watts.

Ce sont tous des points de vue très différents de diverses cultures qui s'étendent sur des milliers d'années, et pourtant, ils ont tous l'air de pointer vers une vérité singulière et unique. Je ne pouvais pas comprendre exactement ce qu'était la Vérité, mais je savais dans mes tripes que c'était là.

J'ai lu dans le Gros Livre : « Aussitôt que nous réussissons à mettre de côté nos préjugés et que nous exprimons le plus petit désir de croire en une Puissance supérieure, aussitôt les résultats commencent à se faire sentir, même si aucun d'entre nous ne pouvait définir ni bien comprendre cette Puissance, qu'est Dieu. » Je ne suis pas sûr de pouvoir dire sincèrement que j'ai exprimé le désir de croire en un pouvoir supérieur à moi-même, mais la certitude qu'il devait y avoir quelque chose de plus grand que mon égo (FSA) a continué de croître. L'affirmation selon laquelle : « Aucun d'entre nous ne pouvait définir ni bien comprendre cette Puissance qui avait laissé la porte grande ouverte. » J'ai même été enclin à leur pardonner de continuer à appeler cette indéfinissable puissance divine, et d'en parler comme d'un Il ou Lui. J'ai lentement commencé à laisser tomber le soupçon que tout cela faisait partie d'un plan complexe caché pour me faire croire en un Dieu humanoïde apparemment masculin selon leur compréhension.

Pour ceux qui viennent aux Étapes avec de fortes convictions religieuses ou spirituelles, la deuxième Étape constitue un défi plus subtil. Pouvez-vous regarder ce que vous croyez avec un regard neuf et un esprit ouvert ? La Deuxième Étape est un appel à réaffirmer ce que vous croyez en l'examinant à la lumière de la contemplation et de l'ouverture. Les gens qui passent par ce processus font souvent état d'un renforcement de leur foi et d'un regain de leurs croyances.

La perspective que propose l'Enseignement Vivant sur cette Étape est que nous sommes tous fous dès l'âge de deux ans. De la naissance à l'âge de deux ans, nous vivons en parfaite harmonie avec la vie telle qu'elle est. Nous aimons ce que nous aimons ; nous n'aimons pas ce que nous n'aimons pas. Nous réagissons dans l'instant à ce qui se passe conformément au tempérament avec lequel nous sommes nés (génétique), modifié par nos expériences vécues depuis la naissance (conditionnement). Toutes nos pensées, nos sentiments et nos actions sont spontanés et immédiats. Puis, vers l'âge de deux ans, c'est comme si un interrupteur avait été actionné en nous. Nous commençons à vivre une existence illusoire. Nous commençons à nous voir comme séparés, comme des entités indépendantes. Nous commençons à nous croire capables d'être l'auteur indépendant de nos propres pensées, de nos sentiments et de nos actions.

C'est un changement dramatique qui modifie la vie profondément. Nous passons subitement d'une situation où nous avons des « vouloir » à celle des « devoir. » Nos désirs ne sont plus simples et directs, ils deviennent compliqués par la notion que nous « devrions » être en mesure d'obtenir ce que nous voulons. Après tout, ne sommes nous pas indépendants et puissants ? Nous « devrions » pouvoir faire que ce que nous désirons arrive.

Quand ce changement se produit, nous commençons à souffrir pour la première fois. C'est une période parfois appelée : l'âge terrible des deux ans. Comme les bébés, nous avons certainement ressenti de la douleur et de la frustration, mais maintenant, la douleur et la frustration sont amplifiées au centuple par le sentiment QUE CELA NE DEVRAIT PAS ETRE COMME CELA !

Dans l'Enseignement Vivant, nous faisons une distinction importante entre la douleur et la souffrance. La douleur est une réaction qui se produit dans l'instant. La souffrance est la projection de la douleur, hors de la réalité du moment, dans le monde fantaisiste du passé et de l'avenir. L'histoire de ce « devrait avoir été » et qu'est ce que « ce sera probablement la prochaine fois » est l'amplificateur qui transforme la douleur en souffrance. La douleur provient du fait de ne pas aimer ce qui se passe. La souffrance vient du sentiment que ce qui se passe *ne devrait pas* arriver.

Aimer et ne pas aimer, plaisir et douleur qui en découlent naturellement, sont une partie fonctionnelle de l'être humain. Quand une personne proche de nous meurt, nous éprouvons de la douleur dans le moment, le sentiment de perte qui résulte de l'absence de l'être aimé. Si nous estimons que la personne proche de nous n'aurait pas dû mourir, que nous ou quelqu'un d'autre était responsable ou aurait pu éviter sa mort, alors la douleur de la perte se transforme en souffrance. C'est lorsque l'aversion devient « ne devrait pas être » que nous nous trouvons tout à coup en conflit avec l'Univers tout entier et que nous souffrons. Autrement dit, la souffrance est le résultat de l'histoire que le FSA tisse autour de la douleur qui existe dans l'instant.

La plupart d'entre nous développons des mécanismes pour faire face à cette souffrance. Sans une sorte de soupape de sécurité, nous serions incapables de vivre dans nos familles et dans nos sociétés. Ces mécanismes prennent souvent la forme de fantasmes élaborés qui sous-tendent l'idée de notre pouvoir indépendant et de notre capacité à contrôler. Nous prenons ces fantasmes pour vrais, malgré l'abondance de preuves du contraire. Le fait que presque tout le monde autour de nous partage des fantasmes similaires, est non moins fou.

Les Douze Étapes tout comme l'Enseignement Vivant vont tenter de rétablir notre santé mentale connue avant l'âge de deux ans. En reconnaissant notre impuissance fondamentale en tant qu'individu séparé, nous n'allons pas soudainement redevenir des bébés sans défense mais plutôt nous éveiller à la réalité qui est devant nous et commencer à vivre en harmonie saine avec ce qui se passe réellement. Un tel cadre de vie harmonieux, bien que parfois douloureux, est libre de la souffrance.

L'OCÉAN ET LA VAGUE

La perspective donnée par l'Enseignement Vivant pour l'Étape deux est que la raison d'une puissance supérieure à nous-mêmes, doit être responsable de briser l'illusion, et ainsi nous permettre de recouvrer la raison parce que c'est cette même puissance qui est ultimement responsable de faire absolument TOUT.

Une métaphore couramment utilisée dans l'Enseignement Vivant est celle de l'Océan et de la vague. je m'y référerai à maintes reprises tout au long de ce livre, donc s'il vous plaît prenez un moment pour y réfléchir. Dans cette métaphore tout ce qui est, est l'Océan. Il est tout ce qui existe. Le terme Océan a la même essence que les termes de Dieu, Source, Conscience, Unité, etc, mais l'image de l'océan est familière et très utile. Quand l'océan se met en mouvement (Big Bang/Genèse), il forme des vagues. Les vagues sont toutes les « choses » qui existent, formant l'Univers manifesté. Les vagues sont éphémères comme le sont toutes les choses, qu'il s'agisse de galaxies, d'humains ou d'atomes. Elles ont un début, une durée et une fin. Les vagues ont également des qualités que l'on peut comparer et répertorier. En tant qu'êtres humains, nous sommes des vagues. Nous avons des qualités différentes qui changent constamment et nous avons un début, une durée et une fin. Il est crucial de reconnaître que la vague est un mouvement d'énergie dans l'océan. Une vague n'est pas un paquet d'eau séparé se déplaçant à travers l'océan. Quand nous nous tenons sur la rive et que nous regardons une vague s'approcher, l'eau de la vague ne se déplace pas vers nous. La vague est en fait l'expression de l'énergie se déplaçant à *travers* l'eau.

Les vagues humaines possèdent une qualité qui les différencie de tous les autres types de vague. Comme cela a été mentionné précédemment, nous vagues humaines, nous développons un sens particulier vers l'âge de deux ans. Nous avons le sentiment que nous ne sommes pas des vagues, mais que nous sommes des gouttelettes séparées et indépendantes. De ce fait, en tant qu'organismes indépendants, nous pouvons prétendre avoir un pouvoir indépendant. Le sentiment que nous sommes des entités distinctes, indépendantes et ayant un pouvoir est ce à quoi nous nous référons lorsque nous utilisons le terme « faux sentiment d'être auteur (FSA). »

Souvenez-vous, nous avons commencé par dire que l'Océan est tout ce qui existe. Cela signifie, en réalité, qu'il n'y a aucun lieu à l'extérieur de l'Océan dans lequel une gouttelette *pourrait* exister. Par conséquent, le sens de la séparation et de l'indépendance doit être, par définition, un faux sentiment. Il est absurde de dire qu'il y a Tout PLUS moi. Pourtant, cette absurdité, est un sentiment partagé par pratiquement tous les êtres humains après l'âge de deux ans. Donc, notre expérience humaine collective commune, est un accord sur l'affirmation de l'indépendance et d'un pouvoir personnel. Mais, ce n'est pas parce que presque tout le monde est d'accord pour dire que c'est vrai que cela est nécessairement vrai.

A la fois, l'Enseignement Vivant et les Douze Étapes visent à favoriser un éveil spirituel dans lequel il y a la reconnaissance directe de soi-même comme étant une vague (et pas une gouttelette séparée), et par extension, la connaissance de soi-même comme Océan. Une fois que cela est clairement compris, le sens de la séparation et de la fausse prétention de pouvoir personnel indépendant (FSA) s'évaporent. Ce qui reste, c'est la paix qui surpasse toute compréhension. Il s'agit du rétablissement de la santé mentale dont parle la deuxième Étape.

Que cela vous trouve maintenant.

ÉTAPE TROIS

« Nous avons décidé de confier notre volonté et nos vies aux soins de Dieu tel que nous Le comprenons. »

Il y a cinq grenouilles assises sur un tronc.
Trois d'entre-elles prennent la décision de sauter.
Combien en reste-t-il ?
La réponse est cinq
Trois ont décidé de sauter, mais aucune ne l'a vraiment fait.

Si vous regardez votre vie, comme vous le ferez avec un peu de chance dans la quatrième Étape, vous verrez que vous avez pris beaucoup de décisions qui n'ont jamais été réalisées. Pourtant, inconsciemment, nous en sommes venus à associer une décision à une action dans une relation de cause à effet. Nous disons que la décision a provoqué l'action. Mais, au sens strict, est-ce vrai ? Si c'était vrai, chaque décision ne serait-elle pas alors inévitablement reliée à son action ? Comme notre propre expérience de vie nous montre que ce n'est pas le cas, il doit y avoir au moins un autre facteur impliqué. Les Douze Étapes et l'Enseignement Vivant cherchent à vous aider à découvrir la nature exacte de l'autre facteur(s).

Astuce : les Étapes utilisent le terme Dieu et le pouvoir plus grand que soi. L'enseignement vivant de l'Advaita utilise les termes : Source, Puissance supérieure, Circonstance, Conscience et Océan.

Comme nous le savons tous trop bien, il est beaucoup plus facile de décider de faire quelque chose que de le faire réellement. (Se pourrait-il que nous soyons impuissants ?) Ainsi, les créateurs des Étapes nous accordent une pause ici. Dans cette Étape, ils nous invitent seulement *à décider* de confier notre volonté et nos vies à ce pouvoir qu'ils appellent Dieu. Ce qui est absolument génial du point de vue de l'Enseignement Vivant, c'est qu'on y comprend qu'elles SONT DÉJÀ dans les mains de Dieu... et l'ont toujours été. La décision est simplement une autre étape dans la réalisation de la condition qui est préexistante. Mais puisque le FSA reste probablement fort et actif à ce stade, les Étapes lui jettent un os à ronger pour le maintenir occupé. C'est comme si les Étapes disaient : « Allez-y et revendiquez la responsabilité de vos décisions, parce qu'il va peut-être falloir un certain temps avant que le faux-sens d'être auteur soit aboli. En plus, le travail est sur le point de commencer par la quatrième Étape et vous serez tellement occupés à faire le point sur un tas de choses que probablement vous ne le remarqueriez même pas. »

PROBLÈMES

Tout le monde a des problèmes. Qu'il s'agisse de problèmes d'argent, de problèmes relationnels, de problèmes de santé, de problèmes sexuels, de problèmes émotionnels ou même de problèmes venant de l'abondance dans la vie, il n'y a aucune échappatoire. Même, si vous êtes soulagés du problème qui vous a amené aux Étapes et même si vous vous en remettez totalement à Dieu et que vous vous sentiez libérés de l'esclavage de l'ego, vous continuerez à vivre les situations de la vie que nous pouvons regrouper sous l'intitulé « problèmes. » Les questions les plus fréquemment soulevées à ce stade sont : « Que dois-je faire au sujet de mes problèmes si je suis impuissant ? Comment puis-je les vivre ? Comment puis-je les gérer ? »

Le Gros Livre dit : « qu'il faut avoir la conviction qu'une vie menée selon notre volonté personnelle peut difficilement être réussie. » C'est une déclaration assez forte étant donné que presque tous ceux avec qui vous discutez pensent qu'une volonté forte est la composante essentielle de la réussite. Cette déclaration semble ainsi, aller à l'encontre de la sagesse populaire. Une fois de plus, les Étapes suggèrent une vision d'une vie tout à fait inimaginable précédemment. Elles nous propulsent vers la compréhension que nos vies sont dirigées par une puissance supérieure à nous-mêmes plutôt que par notre propre volonté. Ce qui est vraiment extraordinaire à ce sujet, c'est qu'au fur et à mesure que cette vision se développe, nous nous trouvons plus en phase avec la façon dont les choses sont en réalité. Nous commençons à moins souffrir. Nos problèmes deviennent simplement des problèmes qui, inévitablement, vont et viennent. Nous nous inquiétons de moins en moins et constatons que nous avons beaucoup plus d'énergie pour traiter le problème à portée de main. Par définition, cela serait appelé UN « succès. » Cette vision est la même que celle indiquée par l'Enseignement Vivant de l'Advaita.

« NOUS AVONS DÛ ARRÊTER DE JOUER À DIEU. »[13]

La deuxième Étape est simplement de reconnaître que nous POURRIONS recouvrer la santé mentale. Il est vraiment extrêmement rare qu'il nous SOIT redonné la raison à ce stade. Aussi, les Étapes nous trouvent là où nous sommes — toujours en train de croire que nous avons au moins un peu de pouvoir personnel et que nous pouvons gérer notre vie selon notre propre volonté. La troisième Étape prend la notion de volonté propre et la retourne contre elle-même. Elle dit : OK, si vous avez le pouvoir de faire des choses, essayez de renoncer, essayez de tourner votre propre volonté vers cette Puissance Supérieure. Essayez d'arrêter de jouer à Dieu. Si vous essayez et échouez, ne vous découragez pas. Les fondateurs des AA ont tout fait pour rendre cela réalisable: « il semble souvent que seule Son aide puisse nous libérer totalement de nous-mêmes. » Cela est tout à fait logique si vous reconnaissez votre propre impuissance. Ce qui de façon superficielle peut vous faire croire que vous êtes l'auteur de ce « faire » se révèle en fait comme le produit d'une source entièrement différente à tout point de vue.

> « Au fur et à mesure que nous sentions en nous une force nouvelle, que la paix s'installait dans notre esprit, que la réussite de notre vie devenait chose possible, à mesure que nous devenions conscients de Sa présence, nous avons

commencé à perdre notre peur d'aujourd'hui, de demain, et de l'avenir. Nous naissons à nouveau. »[15]

Ces lignes du Gros Livre soulignent l'un des nombreux paradoxes apparents trouvés tout au long du processus de l'éveil spirituel. Au fur et à mesure que nous reconnaissons notre propre impuissance, que nous nous soumettons à une Puissance qui nous est Supérieure, nous commençons à sentir « un flux d'énergie nouvelle qui nous pénètre. » Ce nouveau pouvoir a une qualité tellement différente de celle revendiquée par le FSA. Ce pouvoir coule à travers nous, mais n'a pas son origine en nous. Un tel pouvoir nous éclaire alors sur celui revendiqué par le FSA qui ne sert qu'à nous accabler toujours plus avec des responsabilités et des obligations que peut-être, nous ne pourrons même pas assumer, nous vouant toujours au final, à l'échec.

La décision que nous prenons à la troisième Étape, de renoncer à l'idée de notre volonté personnelle est essentielle pour réussir la prochaine Étape. Vous devez accepter un pouvoir supérieur à vous-même dans la Quatrième Étape. Votre paysage intérieur est comme un mauvais quartier dans lequel vous ne voulez pas aller seul. Si vous croyez encore fermement que la volonté personnelle est la meilleure approche pour vivre, vous allez nécessairement patauger dans la quatrième Étape.

Avec la Grâce, il est peut être possible d'aller un peu plus avant dans le processus d'abandon à ce qui est. C'est le plus souvent une prise de conscience qui s'approfondit graduellement. L'objectif des Étapes qui suivent, souvent appelées les « Mesures à prendre », est de faciliter cet approfondissement.

    Les lecteurs qui n'ont pas connu de dépendance à une substance ou à un comportement tels que la drogue, le jeu ou la recherche spirituelle, mais qui ont eu une ouverture à la possibilité de leur propre impuissance, peuvent également profiter des Étapes qui suivent. Il reste encore beaucoup, beaucoup plus à découvrir.

    Que cela vous trouve maintenant.

ÉTAPE QUATRE

« Nous avons procédé sans crainte à un inventaire moral approfondi de nous-mêmes. »

L'essence de la vie même est à découvrir dans nos relations. Nos relations avec les gens et les événements définissent souvent qui nous sommes. Comme nous répertorions ces relations, nous pouvons commencer à voir émerger des tendances. Bien que ces modèles nous aient définis dans le passé, ils ne doivent pas, pour autant, continuer à nous ligoter à l'avenir.

Comment êtes-vous en contact avec les autres, quelle est votre connexion avec les événements qui se produisent ? Comment réagissez-vous à vos propres pensées et à vos actions ? Comment êtes vous relié à une puissance plus grande que votre moi séparé et imaginé ? Ce sont les briques de votre vie. Pour vous comprendre vous-même, vous devez d'abord faire le bilan de ces relations. L'égoïsme, la malhonnêteté, le ressentiment et la peur sont ce qui nous empêchent d'avoir des relations satisfaisantes et donc, en fin de compte, une vie réussie. Durant l'Étape

Quatre, nous allons regarder comment elles se sont manifestées dans notre vie jusqu'à maintenant et mettre cela sur papier.

NOTRE HISTOIRE

Dans la quatrième Étape et de nouveau dans la douzième Étape, nous racontons notre histoire. Tout le monde a une histoire. Nos vies sont notre histoire. Plus nous sommes vrais, authentiques et honnêtes, en tant que conteurs, plus nous réussirons les Étapes quatre et douze. Dites la vérité — telle est notre devise. Alors que nous gagnons en humilité, nous commençons à reconnaître que notre vérité, l'histoire que nous racontons de notre vie, n'est pas vraie de manière objective et absolue. Aucun d'entre nous n'a le monopole de la vérité. Nos croyances et les filtres de notre mémoire colorent cette réalité. Nous savons bien que les autres voient souvent les choses très différemment. Notre point de vue est susceptible de changer et si c'est le cas, notre propre vérité peut aussi changer. Cela dit, notre vérité du moment est tout ce que nous avons à travailler et nous vous encourageons à utiliser au mieux vos capacités, tout en restant ouvert au fait que peut-être, il vous sera révélé bien plus à l'avenir.

COMMENT FAIRE LA QUATRIÈME ÉTAPE

Probablement que le plus bel aspect des Étapes, c'est qu'elles sont vivantes et flexibles. Tout comme les fondateurs des AA ont modifié les Étapes très chrétiennes du Groupe d'Oxford pour convenir aux besoins des divers groupes d'alcooliques en rétablissement, les Douze Étapes des AA ont été adaptées pour aider les gens à se rétablir à partir d'un large éventail de troubles invalidants. Tout comme le bambou, les Étapes ont été pliées à de nombreuses fins sans se rompre.

Outre les instructions originales trouvées dans le chapitre cinq du Gros Livre, il y a littéralement des centaines, si ce n'est des milliers de guides détaillés pour le travail à effectuer lors de l'Étape quatre. La quatrième Étape est une de ces choses dans la vie qu'il est impossible d'accomplir de manière erronée. La chose la plus importante est de la faire.

À la quatrième Étape, certaines personnes écrivent leur autobiographie, enregistrant tout ce dont ils se souviennent de leur vie. Certes, il est possible de le faire de cette manière, mais à moins que vous soyez un écrivain très rapide, cette façon peut s'avérer extrêmement longue et surtout, cela vous fait courir le risque d'ennuyer à mort la personne avec qui vous allez la partager à la cinquième Étape. L'approche trouvée dans le Gros Livre est beaucoup plus ciblée et simplifiée, pour ne pas dire un petit peu plus facile. Il est suggéré de faire des listes des événements importants de nos vies, en utilisant quatre colonnes composées de QUI, QU'EST CE QUI S'EST PASSÉ, COMMENT CELA M'A AFFECTÉ, QUELLE ÉTAIT MA PART DANS CELA ? Les domaines prioritaires sont notamment les rancunes, les peurs, le sexe et la culpabilité.

Avant que vous ne commenciez, cela peut vous paraître une tâche accablante voire impossible. Les projets de grande envergure semblent souvent impossibles lorsqu'ils sont vus de l'extérieur. Je comparerais cela à écrire un livre. Chaque fois que je commence un nouveau projet de livre, j'entends une voix forte qui me souffle que je ne peux pas écrire un livre. Je suis trop paresseux... Je déteste écrire... Je n'ai rien à écrire que les gens veulent entendre. Tout a déjà été dit auparavant, etc. Pourtant, la plupart des jours, je peux écrire une phrase. Quelquefois, après avoir écrit une phrase, je finis par écrire un paragraphe. Les bons jours, j'arrive à écrire plusieurs paragraphes qui ajoutent une page ou deux. Au bout de six mois ou un an ou cinq ans, l'ensemble de ces phrases, de ces paragraphes et de ces pages finissent par devenir un livre. En fait, c'est mon cinquième livre en vingt ans, mais à chaque fois que je m'assois pour le faire, j'ai le sentiment que je ne serai jamais capable d'écrire un livre. Il s'agit simplement d'une tâche trop importante !

Pour la rédaction de l'inventaire à la quatrième Étape, c'est pareil. Il n'est pas nécessaire d'essayer de faire tout cela en une fois. Faites-en autant que vous pouvez et pas plus. Essayez d'en faire un peu chaque jour. Soyez doux avec vous-même, si vous le pouvez. Être détendu et y aller doucement, ce n'est pas nécessairement la même chose que d'être paresseux.

Si vous connaissez quelqu'un qui a vécu la totalité du processus des Douze Étapes et semble en avoir bénéficié, je vous encourage à lui demander de l'aide. Il peut être capable de vous avertir des pièges dans le processus et aussi, vous offrir la force de sa propre expérience.

La Quatrième Étape parle d'un inventaire moral. Je dois admettre que ma première réaction a été d'être méfiant concernant les Étapes qui ont essayé de me mettre d'équerre avec leur morale judéo-chrétienne. Après m'être calmé et en regardant cela plus profondément, j'ai réalisé que le terme « moral » signifiait simplement « le bien et le mal. » Les Étapes infiniment spacieuses laissent la place à notre propre définition du bien et du mal. Nous ne sommes pas censés adopter une définition particulière d'un groupe. J'ai réalisé qu'en prenant un inventaire moral, j'avais écrit les choses que j'avais faites dans ma vie et que je considérais comme étant justes et fausses, le bien et le mal. En bref, on m'a demandé d'être honnête au sujet de moi-même, et en particulier à propos de mes relations avec les autres.

Même s'il est évident que nous ayons besoin des autres afin que des relations puissent exister, la quatrième Étape se focalise surtout sur nous-mêmes. Il est suggéré d'essayer d'éviter de prendre l'inventaire des autres — aussi tentant que cela puisse être bien souvent !

QUOI VERSUS POURQUOI

Quand vous faites un inventaire personnel, peut être est-il utile d'accorder une attention particulière à la différence entre regarder le « quoi » des choses par rapport à la recherche du « pourquoi » des choses. « Pourquoi » est une histoire que nous nous racontons à propos de ce qui s'est réellement passé. L'histoire du « pourquoi » est un fantasme qui nous détourne du « quoi » qui est notre expérience. « Quoi » est beaucoup plus immédiat et global, tandis que « pourquoi » est toujours relatif et subjectif.

Dans la quatrième Étape, nous essayons de garder notre concentration sur le « quoi » des choses, et non pas le « pourquoi » des choses. Quand nous disons le « quoi » des choses, nous risquons beaucoup moins d'être égoïste ou critique. Il est beaucoup, beaucoup plus facile de simplement écrire ce que nous avons fait, ce dont nous avons eu peur, ce qui nous a irrité, ce qui nous fait nous sentir coupable, ce que nous avons fait sexuellement, etc., plutôt que d'essayer de comprendre pourquoi. Lorsque l'on regarde les causes et les conditions de ces incidents suffisamment importants pour les mettre dans notre inventaire, nous nous concentrons sur ce « quoi » qui les a causés, quelles sont les conditions qui ont contribué à leur existence même. Cette perspective en fin de compte nous ramène à la source (l'Océan). Nous avons éventuellement pris conscience que la source (Océan) déguisée en événements (vagues) était responsable.

Vous pourrez constater que votre esprit essaie de continuer à détourner l'attention du « quoi » pour revenir au « pourquoi. » N'oubliez pas que le « pourquoi » est le domaine où le FSA est roi. Il règne sur tous « les auraient pu» et les « auraient dû. » Pourquoi n'ai-je pas fait ça de cette façon ? Pourquoi l'ai-je fait de cette façon ? « Pourquoi » conduit à la spéculation et à l'incertitude. « Quoi » nous enracine dans la vérité de notre propre expérience.

HONNÊTETÉ

> « Rarement avons-nous vu faillir à la tâche celui qui s'est engagé à fond dans la même voie que nous. Ceux qui ne se rétablissent pas sont des gens qui ne peuvent pas ou ne veulent pas se soumettre complètement à ce simple programme. Ce sont d'habitude des hommes et des femmes qui sont naturellement incapables d'être honnêtes envers eux-mêmes. Il y en a de ces malheureux. Ce n'est pas de leur faute, ils semblent être nés ainsi. Leur nature ne

leur permet pas de comprendre et de mettre en pratique une façon de vivre qui exige une rigoureuse honnêteté. Leurs chances de réussir se situent au-dessous de la moyenne. Il y a aussi, ceux qui souffrent de graves désordres émotifs et mentaux, mais plusieurs d'entre eux se rétablissent s'ils sont capables d'honnêteté. »[16]

Ce passage du Gros Livre est lu au début lors des réunions des Douze Étapes dans le monde entier. De toute évidence, l'honnêteté est considérée comme la clé du succès mais qu'entend-on par le terme honnêteté ? Nous pensons normalement l'honnêteté en terme de conduite. Si nous n'avons pas volé, menti ou triché, nous sommes honnêtes. Être honnête avec soi-même cela signifie ne pas se mentir à soi-même ou ne pas se tricher à soi-même (une qualité particulièrement importante lorsque vous faites la quatrième Étape).

L'honnêteté au sein de l'Enseignement Vivant a une signification nettement différente. L'honnêteté est plutôt synonyme de la reconnaissance de la vérité de ce qui est. Ce « ce qui est » comprend absolument tout — bon et mauvais, beau et laid. Partout où vous regardez, il est là. Même la recherche elle-même est Lui. Peut-être, découvrirez-vous que vous aussi (avec toutes vos fautes et vos limitations) êtes LUI.

<blockquote>
Vous devez penser petit avant de penser grand.
Vous devez vous connaître vous-même avant d'essayer de connaître Dieu.
Chaque voyage est composé de petites étapes.
–Ram Tzu
</blockquote>

METTEZ CELA PAR ÉCRIT SUR UNE FEUILLE DE PAPIER

Dans la quatrième Étape, vous écrivez sur le papier (ou bien avec un support électronique équivalent) les qualités et les caractéristiques de cette vie que vous avez décidé, à la troisième Étape de remettre à une puissance supérieure à vous-même.

Qu'est-ce qui est ici et maintenant ? À quoi je ressemble ? Quelles sont mes caractéristiques ? (Vous êtes encouragés à être courageux et minutieux sur ce sujet.) Quelle est ma nature sexuelle ? Qu'est-ce que les gens ont fait pour moi et qu'ai-je fait pour les autres ? Qu'est-ce que je considère comme mes actifs ? Quels sont mes passifs ? Ai-je des rancunes ? Si oui, quelles sont-elles ? Ne semblent-elles pas avoir une racine commune ? Quel est mon rôle dans la poursuite de ces ressentiments ?

Y a-t-il quelque chose que vous ayez fait jusqu'à maintenant alors que vous aviez juré que vous ne le feriez plus jamais ? Peut-être que c'était quelque chose d'aussi simple que d'engueuler fortement votre enfant (une action que votre mère faisait et que vous vous êtes promis de ne jamais faire à votre propre enfant). Ou peut-être, avez-vous eu une relation extra-conjugale tout en sachant très bien qu'un tel comportement était incorrect. Si vous examinez l'histoire de votre vie, vous pouvez peut-être vous rappeler de plusieurs « embarras. » Comment se fait-il que vous ayez fait ces choses alors que vous étiez catégoriquement contre ?

Le processus d'inventaire de la quatrième Étape propose une structure pour travailler lorsqu'on cherche à obtenir des réponses à ces questions. L'Enseignement

Vivant de l'Advaita ajoute encore une autre couche d'investigation à celui proposé par les Étapes.

Une fois que vous avez un catalogue complet de la manière dont vous vous reliez aux autres, aux événements et à vous-même, l'Enseignement Vivant nous invite à faire l'effort de regarder profondément la question : Qu'est ce qui nous fait nous comporter comme nous le faisons ? Comment se fait-il que, parfois, nous sommes en mesure d'agir en conformité avec nos valeurs et à d'autres moments non ? D'où viennent ces caractéristiques ? Qu'est-ce qui me rend ainsi ? Est-ce que c'est moi qui suis responsable ? Ou bien suis-je le résultat d'un vaste complexe de forces ? Ne me semble-t-il pas voir les choses différemment des autres ? Si oui, est-ce que l'un d'entre nous à raison et l'autre a tort ? Comment pouvons-nous en être sûr ? Qu'est ce qui détermine la façon dont je vois les choses ? Qu'est-ce qui fait que ma vision des choses change, parfois de façon si spectaculaire ? Qui fait tout cela ? Qui s'en soucie ?

D'habitude, la revendication superficielle du FSA est que «JE-le-FSA» était responsable. « J'aurais » pu et « j'aurais » dû faire mieux. « J'aurais » dû résister à la tentation. « J'aurais » dû être plus fort, plus sage. « J'aurais » dû être moins égocentrique, moins égoïste.

L'Enseignement Vivant vous encourage à regarder plus profondément afin de voir au-delà de la revendication du FSA. Quelles ont été les causes et les conditions qui précèdent et qui entourent l'action elle-même ? Dans notre exemple, de gronder sévèrement votre enfant, vous pouvez voir comment les forces universelles ont contribué à ce que votre action ait lieu ? Quel a été votre niveau d'hormones à ce moment-là ? Comment était votre taux de glycémie ? Quel événement venant juste d'avoir lieu dans votre vie aurait pu affecter votre humeur ? Votre sommeil a-t-il été interrompu la nuit précédente ? Votre autre enfant venait-il d'écrire sur les murs avec un stylo ? Avez-vous juste pris connaissance d'une nouvelle dépense imprévue ? Y avait-il une mauvaise nouvelle au sujet de votre santé ou de celle d'un être cher ? Pouvez-vous reconnaître qu'il n'y a pas de cause unique pour quoi que ce soit ?

Qu'en est-il des événements positifs dans votre vie ? Pouvez-vous voir que tout ce que vous avez est un cadeau ? Même, si vous pensez que vous avez travaillé dur pour le gagner. Pouvez-vous voir que votre capacité à le gagner, est un cadeau ? On vous a donné suffisamment d'intelligence, d'aptitude, de santé et d'énergie pour faire ce gain. Considérez-ceci : d'où le pouvoir de gagner vient-il ?

Pouvez-vous commencer à voir comment chaque action est étroitement liée à un vaste réseau de causes et de conditions ? Pouvez-vous commencer à voir comment vos caractéristiques et vos comportements sont inextricablement liés à la génétique et aux expériences de vie (conditionnements) ? Quand vous voyez d'où proviennent réellement vos qualités personnelles, vous serez moins enclin à écouter la voix du FSA quand il prétend à tort qu'il a la responsabilité de ces qualités.

En cherchant, on peut voir. En voyant, il peut y avoir compréhension.

> « Nous étions nombreux à nous nourrir de toutes les convictions morales et philosophiques imaginables, et nous aurions bien aimé pouvoir vivre selon nos principes, mais nous en avons été incapables. »[17]

Quand nous regardons nos ressentiments, nos peurs et notre histoire sexuelle au cours de la quatrième Étape, nous pouvons commencer à voir comment nos propres convictions morales et philosophiques peuvent parfois diverger de notre comportement. Nous croyons, par exemple, qu'il est bon d'être généreux envers les autres mais parfois nous agissons égoïstement. Nous croyons que nous devons être honnêtes dans nos relations conjugales et pourtant nous racontons des mensonges, petits ou grands. Dans l'Enseignement Vivant, nous plongeons dans la source ultime d'un tel comportement. Est-ce nous ? Où est-ce un pouvoir plus grand que nous ? Issus d'un contexte religieux, les créateurs des Étapes ont reconnu que Dieu Devait les « aider » à mieux se comporter. Dans l'Enseignement Vivant, la distinction entre Dieu et nous, peut devenir floue au fur et à mesure que notre compréhension s'approfondit. Mais nous prenons de l'avance sur nous-mêmes. La Quatrième Étape porte principalement sur l'enregistrement de qui est ici et de ce qui s'est passé jusqu'à présent dans nos vies. Donner un sens à cela viendra ultérieurement.

Lorsque les Étapes traitent de notre comportement négatif, elles suggèrent rapidement que nous ne sommes pas des gens mauvais mais plutôt des gens malades. En suggérant que nous sommes malades, les Étapes espèrent nous empêcher de nous enliser dans la culpabilité. Dire que nous sommes malades permet d'introduire une influence extérieure à nos actions. Beaucoup d'entre nous ont fait des choses horribles à la fois vis-à-vis d'eux-mêmes mais aussi envers les autres. Comme le processus d'inventaire fait remonter tout cela à la surface, le FSA en revendique la responsabilité et la culpabilité qui en résulte est une réaction courante et débile. Parfois, c'est si fort qu'il nous semble impossible de continuer. Lorsque nous sommes ouverts à la possibilité que nous sommes malades plutôt que d'être mauvais ou un démon, cela amoindrit la culpabilité et nous sommes en mesure d'avancer à nouveau. La maladie n'est pas une excuse pour nos actions. Dans les Étapes huit et neuf, nous verrons que nous devons encore faire amende honorable pour toutes ces actions que nous avons faites qui ont blessé les autres.

Notre inventaire peut également inclure certaines des choses terribles faites par d'autres contre nous (particulièrement celles qui sont liées à nos ressentiments). Le point essentiel est d'obtenir tout cela noir sur blanc sur le papier, de le regarder et, je l'espère, de commencer à voir quelques-uns des schémas de cette vie de dingue que nous avons menée. Lorsque, à la fois, nos actions négatives ainsi que celles des autres sont vues comme le résultat d'une maladie sur laquelle aucun d'entre nous n'avait le contrôle, le jeu entier change totalement. Le ressentiment, la culpabilité et la haine (à la fois de nous-mêmes et des autres) simplement ne surviennent plus. C'est miraculeux.

Le Gros livre, avec son point de vue religieux, préconise de prier pour les autres et la guérison de leur maladie, tout à fait de la même manière qu'il préconise que nous demandions à Dieu d'enlever nos défauts personnels. Dans l'Enseignement Vivant, cet état d'être irréprochable et d'acceptation est le résultat naturel de la reconnaissance de notre impuissance absolue à travers notre recherche sur qui nous sommes vraiment et même de manière intuitive, de voir au-delà de la réponse.

Lorsque vous effectuez un inventaire personnel, il est facile de se laisser distraire par des questions du genre : « Suis-je totalement honnête ici ? Que faire si je ne suis pas assez honnête ? Comment puis-je savoir si ce dont je me souviens est vrai ? « Beaucoup d'entre nous ont trouvé, il suffit de se dire simplement : « En ce moment, je suis aussi honnête que je le peux. » Un des principes du programme des Douze Étapes est que si vous vous y accrochez, à coup sûr une plus grande capacité d'honnêteté va se développer au fur et à mesure que vous avancerez.

La quatrième Étape n'est pas aussi compliquée que les gens veulent bien le dire. Il s'agit simplement de regarder qui vous êtes et ce que vous êtes. Au début, le travail est superficiel puis cela s'approfondira au cours du cheminement. Regardez-vous ! Ecrivez ce que vous voyez. Envisagez-le ! Ce n'est pas une entreprise ardue, essayez de l'aborder avec une simple curiosité, comme un petit enfant peut regarder une fourmi transportant un grain de sable entre ses mandibules.

RESSENTIMENT

Faire une liste de ses ressentiments est l'une des tâches les plus importantes lors de la quatrième Étape. Le Gros Livre dit le ressentiment est « l'ennemi N °1. » Il nous tue littéralement. Le ressentiment est un si grand poison que nous tentons d'y échapper à travers nos addictions.

« Convaincu que notre moi, sous toutes ses formes avait entrainé notre perte, nous avons étudié les façons dont il se manifestait le plus souvent. »[18]

Ce que le Gros Livre appelle « moi », l'Enseignement Vivant l'appelle le FSA. Lorsque vous faites une liste de vos ressentiments, vous trouverez probablement un mot qui ne cesse d'apparaître à maintes reprises, c'est le mot : « devrait. » Nos ressentiments sont inévitablement liés à ce que nous croyons que les autres « devraient » ou « ne devraient pas » avoir fait. Ce sentiment de « devrait » est insidieux et mortel. Il nous pourrit de l'intérieur. Il nous sépare et nous isole.

Si l'on observe profondément cette question, nous pouvons voir que ce « devrait » est un rejet de ce Qui EST. Il s'agit d'une revendication du FSA que « JE » sais comment les choses *devraient* se passer. Il est fondé sur la croyance arrogante suivante : ce que je pense être (juste ou faux) est vrai dans le sens absolu. C'est différent d'aimer ou de ne pas aimer. En fait, ne pas aimer ce qu'a fait quelqu'un et le sentiment qu'il n'aurait pas dû le faire, sont deux choses très différentes. Quand je dis : je n'aime pas quelque chose, cela reflète essentiellement mes préférences et la façon dont je suis conçu. J'aime certaines choses et je n'aime pas d'autres choses. Mais, lorsque je vous dis : « vous ne devriez pas » avoir fait quelque chose, c'est mon jugement sur vous, sur la base d'une norme que je crois être incontestablement juste. Plus important encore, je suppose que vous aviez le pouvoir, à ce moment-là, de ne pas faire ce que vous avez fait. Quand je pense que vous aviez le pouvoir de ne pas faire ce que je sais être sans aucun doute injuste (ou mal), et que vous l'avez fait quand même, inévitablement le ressentiment s'ensuit.

Le ressentiment est parfois décrit comme si on prenait une dose de poison en espérant que l'autre personne mourra. Une solution temporaire à ce problème est le pardon mais c'est comme de couper les mauvaises herbes, elles repoussent immanquablement. Une solution plus permanente consiste à aller à la racine du ressentiment, ce qui implique l'Acceptation. L'acceptation est la reconnaissance du fait que ce qui est arrivé ne pouvait pas être autrement et n'est pas la faute d'une personne individuelle. L'acceptation implique la reconnaissance que quels que soient les événements, mon jugement est relatif, modifiable et non absolu. Dans l'acceptation, il y a la possibilité que même si je suis convaincu que je suis dans le vrai, je pourrais me tromper ! Ceci est également connu sous le terme d'humilité.

Il est crucial de noter que l'acceptation n'est pas la même chose que l'approbation. Nous pouvons accepter que quelque chose se soit passé dans le cadre du fonctionnement de l'Univers, et toutefois ne pas l'aimer. Cependant, si le moindre « devrait être autrement » est présent, cela entraine immanquablement la culpabilité ou le ressentiment.

Le « devrait » appliqué aux autres, conduit au ressentiment et le « devrait » appliqué à soi-même a pour résultat la culpabilité et la peur égocentrique. La racine du « je devrais » est la revendication de pouvoir du FSA. Quand je dis, « j'aurais dû » réagir autrement, il y a la supposition que mon action était un produit de mon pouvoir personnel et que je l'ai mal utilisé. C'est la culpabilité. Lorsque je projette ce que « je devrais » faire dans l'avenir, une partie de moi sait pertinemment que je n'ai pas assez de pouvoir pour contrôler toutes les variables possibles pour assurer le succès et le résultat en est la peur.

Encore une fois, nous sommes confrontés à la question du pouvoir personnel et lorsque nous prétendons en avoir, nous sommes condamnés inévitablement à souffrir. Si nous sommes libres de la revendication fausse du FSA, notre impuissance personnelle est évidente et il y a la Paix. Une telle paix est inconditionnelle, elle est là, même quand nous sommes malheureux parce que nous n'aimons pas quelque chose.

L'Enseignement Vivant vise à favoriser la compréhension que toutes nos actions et toutes les actions des autres sont le produit d'une puissance supérieure car elle joue à travers la complexité des prédispositions génétiques associées à l'expérience de vie (les conditionnements). Nous pouvons voir cette prédisposition génétique chez les bébés, certains naissent passifs alors que d'autres sont actifs. À mesure qu'ils grandissent, les expériences de vie se combinent pour renforcer ou modifier les qualités qu'ils avaient à leur naissance, et c'est exactement la somme de ces qualités qui dans l'instant influence l'action. Par conséquent, toutes les actions, à la fois bonnes et mauvaises, ne sont pas le produit d'un pouvoir personnel indépendant, comme on aurait pu le penser précédemment. Avec une telle compréhension, nous ne sommes plus soumis à la culpabilité ou à la fierté de nos actions, ni à haïr les autres pour leurs actes et à subir les effets de ce poison, et peu importe combien ils nous ont blessés.

Le Gros Livre souligne le fait que le moi (le FSA) se manifeste de multiple façons et pour cette raison, nous souffrons. Dans la quatrième Étape, nous sommes encouragés à identifier les diverses manifestations du moi (FSA) en commençant d'abord par les ressentiments, puis de passer aux peurs.

PEURS

> « Nous avons soigneusement passé en revue toutes nos craintes en les écrivant, même si aucun ressentiment n'y était rattaché. Nous nous sommes interrogés sur la cause de nos peurs. N'était-ce pas parce que notre autosuffisance nous avait lâchés ? »[19]

Comme avec le ressentiment, la connexion entre la peur et le moi (FSA) est une question cruciale. La quatrième Étape a été conçue pour l'éclairer. Pour la plupart d'entre nous, et ce dès le plus jeune âge, on nous a enseigné que l'autosuffisance était une qualité souhaitable et admirable et nous avons été encouragés à la développer. Mais pour être réellement autonomes, nous devons faire appel au pouvoir personnel. Même si nous nous considérons comme indépendants, nous savons pertinemment par notre expérience personnelle que notre pouvoir personnel est limité. La peur surgit lorsque nous reconnaissons que nous ne pouvons pas avoir un pouvoir suffisant pour faire ce que nous pensons.

Une fois que vous avez une liste de peurs, il devient possible de voir le fil conducteur commun à travers elles. On en revient toujours au sentiment d'avoir un pouvoir insuffisant et de manquer de contrôle.

L'activité du FSA nous fait sentir temporairement puissant et indépendant. Elle nous fait croire que nous avons la capacité de contrôler les événements nous-mêmes. Et, avec cette indépendance supposée vient un sentiment d'isolement. L'addiction amplifie ce sentiment. Lorsque la dépendance est active, on se retrouve avec le sens qu'on « devrait » être puissant alors que constamment on est mis face à l'évidence misérable qu'on est faible. Ceux d'entre nous qui ne sont pas toxicomanes peuvent également faire face à ce qu'on peut appeler des preuves de faiblesse. Par exemple, lorsqu'on échoue à agir conformément à ses propres normes morales et philosophiques.

Dans le cadre de l'Enseignement Vivant, la faiblesse et l'impuissance sont deux choses totalement différentes. La faiblesse signifie qu'il y a la *possibilité* d'un pouvoir personnel, mais que nous n'en avons pas en quantité suffisante. L'impuissance est la reconnaissance du fait que le pouvoir personnel est une illusion et que nous n'avons *jamais* eu de pouvoir personnel, même si nous avons pu penser l'avoir. C'est le grand paradoxe de la vie — avec la revendication d'un pouvoir personnel viennent la peur et la faiblesse et avec la reconnaissance de notre impuissance personnelle vient la force véritable.

« La vie spirituelle n'est pas une théorie
Nous devons la vivre. »[20]

L'impuissance n'est ni faiblesse ni fatalisme. Lorsque nous admettons finalement notre impuissance personnelle, un espace est créé dans lequel nous commençons à voir comment nous est DONNÉ le pouvoir d'agir, de penser et de sentir. Le plus grand défi est de reconnaître que nous sommes habilités parfois à agir mal. Notre conscience doit s'étendre considérablement avant que nous puissions reconnaître que même notre égoïsme et notre propre égocentrisme nous sont donnés par la même Source qui nous donne la force d'agir avec bonté et générosité.

Une fois que nous commençons à reconnaître que nous ne sommes pas des gouttelettes indépendantes mais que nous sommes des vagues inséparables du Grand Océan, la peur égocentrique commence à s'évaporer naturellement. Nous devenons conscient que tout ce que nous faisons est une fonction de l'Océan qui s'exprime lui-même au travers de nos formes et de nos mouvements, nous les vagues. Tout le pouvoir est considéré comme étant issu de l'Océan et nous, les vagues, ne sommes tout simplement que des expressions de ce pouvoir et non pas des contrôleurs de celui-ci. La peur ne peut pas subsister dans l'espace de cette prise de conscience.

SEXE

Il est très difficile d'imaginer un sujet plus controversé que le sexe. Il est en tête de la liste des sujets les plus populaires dont nous avons rarement parlé sérieusement en public. Avec leur bon sens typique, les Étapes ne prennent pas position sur ce sujet, autre que de reconnaître qu'il s'agit d'une activité humaine naturelle où l'honnêteté est essentielle. L'enseignement Vivant s'abstient également de prendre une position morale sur le sujet, mais observe que c'est le domaine de l'activité humaine dans laquelle il y a souvent le plus grand écart entre les valeurs personnelles bien ancrées et les comportements réels. En tant que tel, il est un terrain fertile pour un regard plus profond sur la revendication d'un pouvoir personnel et de contrôle. Ne ferions-nous pas toujours ce que nous croyons être moral si nous avions le pouvoir de le faire ?

Lorsque nous sommes incapables d'agir en conformité avec nos principes moraux, nous appelons de telles défaillances des « moments de faiblesse », ou bien nous nous estimons comme étant faibles. Par cela, nous entendons que nous avons un certain pouvoir personnel... mais pas assez. Dans une telle position, nous continuons compulsivement dans une quête permanente et insatiable pour obtenir plus de pouvoir et plus de contrôle.

Quand cela s'arrêtera-t-il ? Quand cesserons-nous ? Jetez un œil autour et réalisez que l'image de pouvoir et de contrôle que nous poursuivons est un mirage.

L'une des choses que nous faisons à la quatrième Étape consiste à documenter notre histoire sexuelle par écrit, en particulier en ce qui concerne les moments où nous avons été : malhonnêtes, égoïstes ou sans gêne. Nous nous assurons de noter tous nos comportements sexuels passés pour lesquels nous nous sentons coupables ou honteux. La culpabilité et la honte sont des drapeaux rouges indiquant l'activité du faux sentiment d'être auteur (FSA). Nous nous sentons coupables ou honteux seulement lorsque nous sentons que nous avions le pouvoir de nous comporter correctement et que nous avons choisi de ne pas le faire. L'Enseignement Vivant nous encourage à mettre en doute la supposition sous-jacente que nous avons un pouvoir personnel et de découvrir si c'est vrai.

CULPABILITÉ ET SECRETS

La quatrième Étape est le début d'un processus de purification qui se poursuivra jusqu'à la Dixième Étape. À cette fin, il est suggéré d'inclure quoi que ce soit dont vous vous sentez coupables, ou que vous continuez à garder comme un secret, et que vous n'auriez pas encore répertorié avec vos ressentiments, vos peurs et votre histoire sexuelle. L'objectif reste d'être aussi honnête que possible, en ne retenant rien, que ce soit laid ou gênant.

QUI SUIS-JE ?

Qui suis-je ? Telle est la question ultime soulevée par la quatrième Étape et aussi par l'Enseignement Vivant. Cependant, ni les Étapes ni l'Enseignement Vivant ne vont répondre à la question à votre place. Les deux offrent des encouragements et des conseils, mais la tâche est la vôtre, c'est à vous de l'achever.

Si vous êtes malin, vous pourriez bien me demander : « À qui parlez-vous ? Qui est celui dont vous parlez qui doit accomplir la tâche ? »

Désolé, mais je ne voudrais pas vous faire un mauvais tour en vous donnant la réponse. Vous devrez essayer de la comprendre par vous-même !

Que cela vous trouve maintenant.

ÉTAPE CINQ

« Nous avons avoué à Dieu, à nous-mêmes et à un autre être humain la nature exacte de nos torts. »

La cinquième Étape est un accomplissement important de la quatrième Étape. Dans cette Étape, nous allons partager avec une personne de confiance les informations et les idées que nous avons répertoriées lors de l'Étape Quatre. Cela nous offre la possibilité de nous soulager du sentiment d'isolement que l'on éprouve lorsqu'on garde secret une partie de nous-mêmes. Cependant, c'est l'une des choses la plus effrayante et difficile qui soit et certains d'entre nous ne le feront jamais. Si, nous sommes en mesure de traverser la peur et de faire cette étape cruciale, les résultats sont souvent assez spectaculaires. Partager, avec une autre personne, nos secrets les plus intimes et si bien occultés sur qui nous sommes et ce que nous avons fait (quatrième Étape), c'est se libérer d'un fardeau que nous portons sans même nous en rendre compte le plus souvent. Ceci est particulièrement vrai dans le domaine du comportement sexuel. Beaucoup d'entre nous viennent de sociétés dans lesquelles le sexe, en dehors de limites étroites et rigides, prescrites, est considéré comme honteux, culpabilisant ou pervers. De nombreuses personnes à ce stade des Étapes ont le sentiment d'être « sales » en raison de leur comportement sexuel passé. Il est remarquable de voir comment le fait d'exprimer nos secrets à une personne de confiance simplement et de préférence une qui a fait elle-même la totalité des Douze Étapes, peut commencer à nous libérer de toute une vie de honte et de culpabilité.

BIENVENUE PARMI LA RACE HUMAINE

Dans la quatrième Étape, nous avons commencé le processus d'être honnête avec nous-mêmes au sujet de qui nous sommes réellement, par opposition à qui nous nous sentons DEVOIR être. Dans la cinquième Étape, nous prônons et rendons publique cette honnêteté de qui nous sommes grâce à la validation par une autre personne. C'est le moment où nous allons vraiment commencer à revivre.

Essayer de maintenir une parfaite vision de nous-mêmes brûle une quantité incroyable d'énergie, alors que le simple fait d'être ce que nous sommes est sans effort. Certes, nous avons des imperfections (ce que les Étapes appellent des lacunes et des défauts de caractère), mais comme nous le verrons dans les Étapes six et sept, tout le monde en a. Ainsi, être libéré du fardeau de faire semblant d'être quelqu'un que nous ne sommes pas est vraiment une Grâce.

La cinquième Étape est un rituel de purification humaine. Souvent, la personne à laquelle nous demandons d'entendre notre Cinquième Étape partage également quelques-uns de ses propres secrets qu'elle avait elle aussi gardés auparavant. De cette façon, l'apparence de l'indépendance, l'unicité et la séparation peuvent être minces ou même disparaître complètement. Nous commençons à nous reconnecter avec notre propre humanité. Nous nous rendons compte que nous faisons partie de quelque chose de beaucoup plus grand que notre prétention à être indépendant. Quel soulagement incroyable ! Quelle liberté extraordinaire !

Pour ceux qui ont eu la chance de participer à un groupe des Douze Étapes, l'achèvement de la cinquième Étape est une étape importante. Il s'agit d'un rite de passage dans lequel l'initié se retrouve soudain lui-même ou elle-même avec un sentiment de faire partie du groupe. Même ceux d'entre nous qui ne sont pas des adeptes des groupes peuvent découvrir peut-être un sentiment de parenté attrayante et la connexion avec d'autres qui ont fait l'expérience de la liberté qui vient inévitablement à l'achèvement de cette Étape.

Le Gros livre décrit certaines réactions de personnes après avoir partagé leur inventaire personnel avec un autre.

"Nous pouvons regarder le monde en face."[21]

"Lorsque nous sommes seuls, nous nous sentons en paix et parfaitement à l'aise."[22]

"Nos craintes nous quittent."[23]

"Nous commençons à sentir la présence immédiate de notre Créateur."[24]

"Nous commençons à vivre une expérience spirituelle."[25]

"*Nous avons l'impression de marcher main dans la main avec l'Esprit de l'Univers.*"[26]

    Si vous lisez ce texte en n'ayant pas encore fait les cinq premières Étapes, il est fort possible que vous ressentiez ces phrases comme un peu exagérées. Par contre, si vous avez fait les Étapes au moins jusque-là, vous avez probablement un avant-goût de la sensation de ce que ces phrases indiquent. C'est la libération et la liberté qui sont trouvées enfin en reconnaissant la vérité de qui nous sommes, et par extension, la vérité de CE QUI EST. Là où jadis, nous avions imaginé que cela devrait être bon de se sentir digne et complet, nous réalisons maintenant que nous devons seulement être nous-mêmes.

    Quel soulagement incroyable !

    Que cela vous trouve maintenant.

ÉTAPES SIX & SEPT

6
« Nous étions tout à fait prêts à ce que
Dieu élimine tous ces défauts. »

7
« Nous Lui avons humblement demandé
de faire disparaître nos défauts (faiblesses ou lacunes). »

Les Étapes Six et Sept sont presque toujours traitées ensemble. J'ai longtemps soupçonné qu'elles n'étaient à l'origine qu'une seule Étape et qu'elles ont été scindées en deux pour que cela fasse un total de Douze.

Les Étapes, malgré plus de soixante-dix années d'expérience et au moins des dizaines de milliers de réunions, n'ont toujours pas résolu la différence entre les faiblesses ou lacunes et les défauts de caractère et la bataille fait toujours rage. Pour nos besoins, je vais en parler comme de deux termes pointant vers la même chose avec cependant une différence très subtile. Un défaut de caractère est quelque chose qui est présent et peut être facilement reconnu. Une lacune se réfère à une qualité qui est absente et donc n'est pas si facile à détecter.

> "Ram Tzu sait cela.
> Vous êtes parfait.
> Tous vos défauts
> sont parfaitement définis.
> Toutes vos imperfections
> sont parfaitement à leur place.
> Chacune de vos actions
> est parfaitement synchronisée.
> Seulement Dieu pouvait faire fonctionner
> quelque chose d'aussi ridicule."[27]

L'essence de ces deux Étapes est la reconnaissance continue de notre impuissance personnelle. Ces Étapes, avec insistance, NE disent pas que nous commençons à corriger nos lacunes et nos défauts de caractère. Essayez de supprimer vos propres défauts, c'est comme d'essayer de se soulever du sol en tirant sur ses lacets tout en restant dans ses baskets.

Si vous avez lu le Gros Livre vous avez pu constater que Dieu se réfère à une image masculine objectivée, en accord avec la culture et l'orientation religieuse de ceux qui ont écrit ce livre. Certaines personnes aujourd'hui (y compris moi) ne résonnent pas avec cette image de Dieu. Heureusement, ces mêmes auteurs n'insistent pas pour que nous partagions leur conception. Les Étapes sont merveilleusement larges et chaque personne peut développer sa propre conception de ce qu'est ou n'est pas Dieu. Pourtant, pour certains d'entre nous le langage peut s'avérer rebutant. Si vous partagez cette réaction, ne vous découragez pas, beaucoup d'entre nous ont reçu un bénéfice énorme des Étapes et du Gros Livre tout en étant en désaccord avec quelques-unes des phrases faisant plus ouvertement appel à des références religieuses. Dans mes premiers jours de travail avec le Gros Livre mon antipathie pour le terme « Dieu » était si forte que j'ai parfois rayé le mot et écrit à la place « L'inconnu infini » afin de mieux digérer certaines de ces phrases. Il est peut être utile de mentionner ici que, pour moi, cela est finalement passé. Au fur et à mesure que ma relation a grandi avec une Puissance Supérieure à ce moi-même limité, je suis devenu moins réactif aux conceptions spirituelles des autres. J'ai cessé de rechercher la validation, l'accord ou même les arguments des autres. Pour moi, ce que les autres pouvaient penser, était devenu tout simplement sans importance. J'ai commencé à reconnaître que ces concepts étaient tous des pointeurs vers une seule et même chose. Tout ce qui était important, c'était ma relation personnelle si j'ose dire avec cela « Dieu » de ma propre compréhension.

Dans l'Enseignement Vivant de l'Advaita, Dieu n'est pas conçu comme un objet. Dieu, dans l'Advaita, est l'Océan qui est à la fois la source et la substance de tout, mais n'est pas une « chose » en elle-même. En tant que tel, l'Océan ne peut être connu par l'intellect parce que l'intellect ne peut traiter que des objets. C'est là que le langage nous fait défaut et montre ses limites. Les mots peuvent pointer vers l'Océan omniprésent, mais les mots ne peuvent pas décrire l'Océan puisqu'il n'est pas un objet.

Beaucoup de gens considèrent le Tao Te Ching comme étant le plus grand texte sur le non-dualisme. Il commence par :

> « Le Tao (Océan, Dieu) dont on peut parler n'est pas le Tao éternel. »[28]

Lao Tzu, auteur de ce texte, reconnaît que ce qu'il a écrit sur le Tao n'est pas vrai dans le sens absolu. Mais il ne s'arrête pas là ! Il continue à écrire avec beauté sur le Tao, tout en sachant que dès qu'il écrit à ce sujet, ce n'est pas cela. Tout comme Lao Tzu, je m'empresse de vous rassurer, je ne prétends d'aucune façon que ce que j'écris soit la vérité. Avec de la chance cependant, certains de ces indicateurs peuvent trouver leur place dans votre cœur et vous verrez vers quoi ils pointent. Ou bien comme l'acolyte de Lao Tzu, Tchouang-tseu dit : « Montrez-moi un homme qui n'a pas de mots, il est celui à qui je veux parler ! »

Dans l'Enseignement Vivant, nous utilisons la métaphore Océan pour pointer vers la Conscience. Vous vous souviendrez que dans ce modèle, il n'est rien d'autre que l'Océan. Toutes les choses dans le monde sont ainsi comprises comme étant temporaires, des mouvements d'énergies de l'Océan — les vagues. Nous décrivons le mouvement de l'Océan comme vagues, mais aucune vague ne peut avoir une existence indépendante de l'Océan. Tout ce que la vague est et tout ce qu'elle fait dépend totalement de l'Océan.

Dans le cadre de l'Advaita, les Étapes six et sept pointent toutes deux vers une compréhension importante. Nous ne sommes pas les entités individuelles créatrices que nous avons toujours prétendu être. En tant que tel, nous n'avons pas créé nos propres insuffisances ni nos défauts, et donc, nous n'avons pas le pouvoir de les supprimer.

Soyez prévenus, affirmer cela publiquement provoquera probablement une tempête de mépris et de dérision chez tous ceux qui sont convaincus de leur propre pouvoir indépendant. On vous accusera de vous défiler, d'abandonner, d'abdiquer toute responsabilité et une multitude d'autres choses plus négatives les unes que les autres. Rappelez-vous que nous ne sommes pas ici pour convaincre quiconque de quoi que ce soit. Notre but est de trouver la vérité pour nous-mêmes. Une telle vérité ne se trouve pas dans le débat avec les autres, mais à travers une enquête complète et approfondie de QUI et de ce QUE nous sommes. Lorsque nous voyons la vérité de « Ce qui est » plus directement, nous passons de la croyance à la clarté, tout ce que les autres pensent ou disent n'a plus du tout d'importance. Lorsque nous sommes solidement ancrés dans la clarté. Ce qui est, EST tout simplement.

La vraie humilité est la conviction que nous ne sommes les auteurs d'AUCUNE de nos actions. Et demander humblement à Dieu de nous enlever nos déficiences, c'est avouer notre impuissance ultime.

Quand on spécule à propos de l'abandon, les gens imaginent souvent que l'abandon à une puissance supérieure à nous-mêmes signifie que nous ne ferons plus rien. Nous allons simplement rester assis toute la journée à attendre que Dieu agisse. Ce n'est pas mon expérience, ni celle de beaucoup d'autres personnes qui vont au-delà des spéculations et qui prennent la voie de l'abandon et de l'investigation. Dans les faits, pour la plupart d'entre nous, le soulagement d'être libéré de l'asservissement à soi-même qui résulte de l'abandon, nous stimule et nous redonne une puissance d'une manière que nous n'aurions jamais pu imaginer.

Un des exercices de l'Enseignement Vivant consiste à écrire une liste des trois événements les plus importants de notre vie. Ensuite, considérez dans quelle mesure vous étiez responsables de la création de ces événements. La plupart d'entre nous qui faisons cet exercice obtenons une vision claire du rôle important que jouent les Circonstances dans nos vies. Il découle inévitablement de cette reconnaissance une véritable humilité. L'autre conséquence est que si nous avions eu le contrôle de notre vie, nous nous serions floués nous-mêmes.

ACCEPTATION DE CE QUI EST

Cela fait maintenant plus de vingt-cinq ans que j'ai fait les Étapes Six et Sept. Je voudrais bien signaler que tous mes défauts et mes faiblesses de caractère ont été supprimés, mais ce n'est malheureusement pas le cas. Comme dans le poème de Ram Tzu ci-dessus, tous mes défauts sont divinement placés pour me faire l'unique personne que je suis aujourd'hui. Souvent, nous imaginons que la liberté vient de ne plus avoir de carences ni de défauts de caractère, mais c'est un fantasme. Certains d'entre nous ont découvert que la Véritable Paix se trouve dans l'Acceptation des choses telles qu'elles sont réellement en ce moment, incluant souvent des choses que nous considérons comme négatives. Je le répète, l'Acceptation ne suggère pas l'approbation. L'Acceptation des choses telles qu'elles sont est une reconnaissance simple mais profonde de l'État des choses en ce moment. Cet état des choses inclut nos réactions et nos jugements.

Quand j'ai rencontré mon Maître, Ramesh Balsekar, il parlait souvent de l'Acceptation et de l'impuissance personnelle et à l'époque j'étais depuis deux ans abstinent. J'avais travaillé la totalité des Douze Étapes, j'ai imaginé que je savais ce qu'il voulait dire. Il était inébranlable dans son affirmation selon laquelle la Conscience (l'Océan) fait tout et nous (les vagues) sommes simplement l'expression de ce fait. Je n'avais aucune difficulté avec tout ça, car cela était tout à fait compatible avec ma compréhension des Étapes. Pourtant, un jour après avoir assisté à un entretien, je suis rentré à la maison et j'ai retrouvé mon fils de cinq ans assis sur le plancher en train de faire quelque chose que je lui avais maintes fois interdit ! Alors, je suis devenu furieux et j'ai crié : « Justin, je t'ai dit au moins quinze fois de ne pas faire ça et tu continues à le faire. » Quel est ton problème ? Tu as besoin de faire une pause. Allez va-t'en dans ta chambre ! Il partit dans sa chambre, mais alors je me suis senti comme si j'étais le plus mauvais élève de l'Advaita au monde. C'était comme si j'avais oublié tout ce que j'avais appris sur la façon dont en réalité tout est fait par l'Océan. Donc, le lendemain, je suis retourné en parler à Ramesh en admettant ma faiblesse. Je raconte toute l'histoire à Ramesh, comment j'avais puni mon fils comme s'il était responsable de l'action et la façon dont j'avais oublié que c'était la conscience qui faisait tout. Pendant que je racontais l'histoire, Ramesh était juste assis là en dodelinant de la tête et quand j'ai fini, il dit : « Wayne, ce que vous avez oublié, c'est que gronder votre fils était aussi l'action de la conscience. » Même, si vous pensez que la Conscience fait tout, vous laissez toujours vos propres actions en-dehors.

> « Si vous pouvez juste être. Soyez !
> Sinon, courage et allez vous occuper de
> faire et de défaire avec les autres,
> jusqu'à ce que vous tombiez ! »
> –E. E. Cummings

Je sais aujourd'hui intuitivement que la liberté réside dans le fait que l'Univers est dans un ordre parfait. Cet ordre parfait comprend mes propres réactions, mes sentiments et mes jugements, peu importe le degré de dysfonctionnement ou le peu d'attraits qu'ils puissent avoir. Comme je suis en ce moment ne pouvait pas être autrement, et l'instant d'après, les choses vont changer.

C'est une des vérités les plus simples mais aussi une des plus profondes.

Que cela vous trouve maintenant.

ÉTAPE HUIT & ÉTAPE NEUF

8
« Nous avons dressé une liste de toutes les personnes que nous avions lésées, et nous avons consenti à réparer nos torts envers chacune d'elles. »

9
« Nous avons réparé nos torts directement envers ces personnes chaque fois que c'est possible, sauf si nous risquions de leur nuire en le faisant ou de nuire à d'autres personnes. »

Les Étapes sont devenues vivantes pour moi dans leur pratique. Elles reconnaissent certains principes très simples mais profonds de la vie humaine :

- Plus vous donnez, plus vous recevez.
- Partager ses secrets les plus intimes avec quelqu'un d'autre apporte la liberté.

- Lorsque vous nettoyez les dégâts que vous avez faits dans votre vie, votre vie fonctionne mieux.
- Reconnaître son impuissance personnelle est la porte majestueuse pour la fin de la souffrance.

Alors que les Étapes, et plus particulièrement les Étapes de Quatre à Dix, sont éminemment pratiques, leur but avoué est l'éveil Spirituel. Les Étapes accordent une attention considérable à déblayer les secrets de la vie et les dégâts non résolus, car ils peuvent être des blocages particulièrement importants sur le chemin spirituel.

Il est difficile de vivre pendant très longtemps sur terre sans faire quelques dégâts. Ceux qui souffrent de dépendance inévitablement vont créer des dommages aussi bien à leurs amis qu'à leurs ennemis. Ceux qui n'ont pas de dépendance ont aussi des lacunes et des défauts de caractère qui garantissent pratiquement qu'eux aussi vont nuire à autrui d'une certaine façon, que ce soit physiquement, émotionnellement ou financièrement.

Si nous avons été rigoureux et profond dans l'inventaire de la quatrième Étape, nous devrions avoir suffisamment de matière première pour faire la liste de toutes les personnes à qui nous avons fait du mal, ce qui est la première partie de la huitième Étape. À la fin de cette liste, il est temps d'envisager de faire amende honorable. Un vaste historique d'expériences partagées sur la façon de faire existe au sein des divers groupes des Douze Étapes. Toute erreur qui pourrait être faite a déjà été faite et librement discutée par quelqu'un (probablement beaucoup de gens). Potentiellement, vous pouvez vous épargner de nombreux chagrins en consultant quelqu'un d'expérimenté dans le processus pour se racheter en partageant avec lui ce que vous comptez faire *avant* de le mettre en œuvre.

Tandis que nous gagnons en liberté personnelle en faisant amende honorable pour le mal que nous avons fait aux autres, les Étapes indiquent clairement qu'une telle liberté ne doit pas se faire au détriment de blessures pour eux ou d'autres. Vous ne pouvez pas apaiser la culpabilité d'être infidèle, en avouant à votre mari qui ne se doutait de rien, que vous avez couché avec son frère, même si vous en êtes tout à fait désolé !

Habituellement, les réparations qui ont le plus de succès sont celles qui sont faites après mûre réflexion et beaucoup de précautions. N'hésitez pas à partager, au préalable, avec une personne expérimentée et compétente, les opérations de réparation que vous avez prévues. Certaines personnes se précipitent aveuglément avec enthousiasme et puis elles s'étonnent après que les résultats espérés ne viennent pas. Au lieu de cela, elles se retrouvent dans un désordre encore plus grand que lorsqu'elles ont commencé.

Pour favoriser notre bonne volonté et nous donner une source d'inspiration et d'encouragement dans ce qui est parfois un processus difficile et effrayant, le Gros Livre décrit la paix, le confort et le calme qui résultent le plus souvent lorsqu'on s'engage à faire le ménage intérieur tel qu'il est décrit dans les Étapes quatre à neuf. Ces descriptions sont collectivement reconnues comme des Promesses. Bien que je les ai toutes vues se concrétiser dans ma vie et dans celles de beaucoup d'autres, je ne crois pas que dans la vie, il existe quelques garanties que ce soient. Les promesses indiquées ci-dessous, ne font pas d'exception. J'ai observé qu'elles surviennent à des degrés divers et à des vitesses différentes selon les personnes.

"Nous allons connaître une nouvelle liberté et un nouveau bonheur.

Nous ne regretterons pas le passé ni ne voulons fermer la porte sur lui.

Nous comprendrons le mot sérénité et nous connaitrons la paix.

Peu importe à quel point nous sommes descendus au bas de l'échelle, nous verrons comment notre expérience peut profiter aux autres.

Ce sentiment d'inutilité et d'apitoiement sur soi disparaîtra.

Nous allons perdre tout intérêt pour les choses égoïstes et susciter l'intérêt de nos semblables.

La recherche d'un soi va disparaître au loin.

Notre attitude entière et nos perspectives sur la vie vont changer.

La peur des gens et de l'insécurité économique va nous quitter.

Nous saurons intuitivement comment gérer les situations qui d'habitude ont l'art de nous dérouter.

Nous réaliserons soudainement que Dieu fait pour nous ce que nous étions incapables de faire pour nous-mêmes."[29]

Comme je l'ai mentionné précédemment, alors que j'étais abstinent depuis environ deux ans, l'élan spirituel des Étapes, combiné avec le désir de connaître la force dans l'Univers responsable de m'avoir rendu sobre d'un coup, m'a conduit à rencontrer le maître spirituel Ramesh S. Balsekar. À l'époque, je ne soupçonnais pas qu'il allait devenir la plus grande influence dans mon développement spirituel. Au cours des 22 années suivantes, c'est-à-dire jusqu'à sa mort en 2009, nos vies ont été inextricablement liées et j'en suis venu à l'aimer d'une façon qui défie toute description.

À l'époque où Ramesh a pris sa retraite en tant que président de la Banque de l'Inde, il a repris activement son intérêt pour le sujet de l'Advaita qu'il avait eu tout au long de sa vie, pour finalement devenir un professeur très publié et très aimé sur ce sujet. Peu de temps après que nous nous soyons rencontrés, c'était l'occasion de partager les promesses du Gros Livre avec Ramesh. Il a dit que cela sonnait comme une excellente description d'une personne ayant une compréhension spirituelle profonde, un Sage. C'est alors que j'ai commencé à réaliser la véritable universalité des principes indiqués dans les Douze Étapes. De toute évidence, ils étaient tout aussi vrais à Akron dans l'Ohio qu'ils pouvaient l'être à Mumbai en Inde. Les libellés et les expressions culturelles sont bien sûr différents, mais le principe sous-jacent de l'impuissance personnelle est le même.

VOLONTÉ

> Vivez comme si votre vie en dépendait.
> –Ram Tzu

Dans la huitième Étape, nous sommes à nouveau confrontés à la question de la volonté. Comme indiqué précédemment, nous ne pouvons pas partir de notre propre pouvoir qui fabriquait la volonté, mais la volonté doit être là pour nous faire avancer. Pour ceux qui sont religieux, ils sont invités à demander la volonté à Dieu et si elle n'apparaît pas immédiatement, de continuer à la demander. Ceux qui ne sont pas religieux peuvent s'engager dans un large éventail de stratégies différentes pour augmenter la volonté. Une chose est certaine : s'il y avait une méthode infaillible pour provoquer la volonté et qui marcherait à tous les coups pour tout le monde, il est fort à parier que nous en aurions déjà entendu parler. En fin de compte, nous devons reconnaître que la volonté vient quand elle vient et nous sommes impuissants pour la faire survenir.

Le mot « volonté » apparaît à plusieurs reprises tout au long des Étapes et c'est un mot avec lequel j'ai eu énormément de problèmes. Comment ces gars qui ont écrit le Gros Livre qui n'ont pas arrêté de rabâcher l'hypothèse que c'est la volonté qui est la racine de mes problèmes (ce que je pouvais comprendre), ont-ils pu faire volte-face et me dire que la solution à mes problèmes passe par la volonté ! Cela me rendait fou !

La difficulté a été résolue au cours d'une conférence donnée par mon cher maître Ramesh. Il avait eu un problème similaire avec son maître de l'Advaita, un homme du nom de Nisargadatta Maharaj. Nisargadatta disait dans une respiration : « Conscience (Dieu) fait tout — Vous ne faites rien. » Puis, dans la respiration suivante, il disait pour que vous puissiez avoir un éveil spirituel, vous devez être sérieux. Vous devez le vouloir plus que tout, comme un homme qui se noie veut de l'air.

Ramesh a dit que le paradoxe apparent de ces deux affirmations, lui faisait s'arracher les cheveux lorsqu'il rentrait chez lui ! Comment peut-il me dire d'abord que je ne dois rien faire, et me dire ensuite que je dois être sérieux ?

Ramesh a déclaré qu'il a finalement réalisé que son Maître parlait de façon descriptive pour décrire cette ardeur qu'on *devait avoir* pour que l'éveil spirituel puisse arriver. Ce que Ramesh avait entendu (à travers son propre FSA) était une prescription pour ce qu'il devait faire — c'est-à-dire de le faire sérieusement ? Il est devenu clair qu'une DEscription et une PREscription sont deux choses totalement différentes.

Lorsque j'ai commencé à voir la volonté comme quelque chose qui est arrivé comme une Grâce plutôt que comme quelque chose que je devais faire arriver, toute la tension s'est évaporée.

Le Gros Livre pointe vers la même compréhension :

> « Nous tentons de réparer les dégâts que nous avons causés en voulant imposer nos volontés et diriger nous-mêmes le spectacle. Et, si nous n'avons pas la force de le faire, nous prions jusqu'à ce qu'elle nous soit donnée. »[30]

Certes, la demande ne peut pas faire survenir que la volonté, mais si la demande se réalise, on peut la considérer comme faisant partie de sa venue. En regardant en arrière dans ma propre expérience avec les Étapes, il est clair que toute volonté que j'ai eue était une pure grâce ou une « faveur imméritée de Dieu ».

RÉPARATIONS

Quand le temps fut venu pour moi de faire amende honorable, j'étais assez bien préparé mais effrayé. Je devais une grosse somme d'argent au propriétaire d'un bar (qui avait fait l'erreur coûteuse de m'embaucher) suite à une fréquente confusion entre mon pot à pourboire et la caisse. Mais plus effrayant encore, c'est que je devais à mon associé BEAUCOUP d'argent car depuis plusieurs années j'avais sous-payé ce qui lui était légitimement dû. J'ai dû lui avouer que j'avais trahi sa confiance et que je l'avais trompé. Je craignais qu'il rompe notre relation et d'être en faillite.

J'ai proposé au propriétaire du bar de payer un montant mensuel fixe selon ce que je pouvais me permettre sans faire de préjudice à ma famille et il a accepté. Après plusieurs années, la dette a été payée, et après le paiement final, j'ai reçu un petit mot très gentil de sa part, me disant combien il m'avait ADMIRÉ et il m'a souhaité bonne chance !

Mon partenaire d'affaires, à ma grande surprise et soulagement, a accepté mes excuses pour avoir trahi sa confiance et a accepté ma proposition pour le remboursement de ce que je lui avais volé. Il m'a fallu plus de six ans, mais à la fin tout a été remboursé. Notre entreprise a prospéré et ensemble durant les douze années suivantes et au cours de ces années, il m'a confié énormément de choses. Mais cette fois-ci, sa confiance n'était pas mal placée.

Bien qu'elles soient difficiles et effrayantes ces amendes honorables sont relativement simples à faire. Parfois, il est impossible de faire amende honorable directement à la personne lésée et il nous faudra peut-être faire preuve de créativité. L'une des personnes sur ma liste des dédommagements était quelqu'un dont je ne connaissais même pas le nom.

J'étais à une fête à Dunk Island sur la Grande Barrière de Corail en Australie et j'ai heurté un verre sur une balustrade du deuxième étage. Il se brisa sur le sol en dessous et je ne m'en suis pas soucié. Peu de temps après, un homme s'est mis à crier, puis il est entré, il saignait abondamment. Il avait marché pieds nus sur le verre brisé et avait plusieurs coupures graves. Je n'ai rien dit. Quand je suis devenu abstinent quelque treize ans plus tard à Los Angeles, les chances de retrouver cet homme afin de me faire pardonner étaient bien minces. La solution a résidé dans un autre type de dédommagement — en général, un dédommagement vivant est préférable. Depuis, chaque fois que je suis quelque part où les gens peuvent marcher pieds nus (comme une plage ou un parc) et que je vois un morceau de verre sur le sol, je le ramasse et le jette à la poubelle. C'est une chose simple et pourtant chaque fois que je le fais, je reçois une petite bouffée de gratitude pour tout ce que ma vie est devenue aujourd'hui.

J'ai été aussi en mesure de faire quelques dédommagements vivants à ma femme pour la douleur que je lui avais causée mais notre mariage n'a pas survécu. Tous les dédommagements n'apportent pas forcément les résultats escomptés. Néanmoins, nous sommes amis aujourd'hui, et je peux la regarder dans les yeux en sachant que mes torts, de mon côté, ont été nettoyés.

Nulle part ailleurs, il est possible de voir de façon plus évidente les changements d'une vie dramatique que dans le processus de dédommagement. Bien qu'il n'y ait aucune garantie d'obtenir des résultats positifs, des histoires de changements miraculeux et de renversements heureux sont fréquents dans les relations endommagées. En général, la majorité des gens qui font des dédommagements se sentent beaucoup mieux dans leur peau et dans leur vie. Les promesses sont beaucoup plus qu'un argumentaire de vente, elles sont un résumé de ce qui se passe dans la vie de ceux qui ont la grâce de pouvoir vivre selon ces principes spirituels.

Que cela vous trouve maintenant.

ÉTAPE DIX

« Nous avons poursuivi notre inventaire personnel et promptement admis nos torts dès que nous nous en sommes aperçus. »

Pour que l'expérience spirituelle puisse s'écouler en douceur, le canal qui la porte doit rester propre et dégagé. La Dixième Étape est conçue pour maintenir propre le canal qui a été créé après l'achèvement des Étapes de quatre à neuf.

La plupart d'entre nous ne sommes pas des saints, c'est-à-dire que notre comportement est parfois d'un genre qui ne sert ni à nous-mêmes, ni aux autres. Grâce à notre compréhension croissante du fait que tous les comportements, bons ou mauvais, sont produits par les Forces Universelles (Océan), nous restons libres de la culpabilité et de la fierté. Rappelez-vous que dans les Étapes six et sept, nous avons réaffirmé que nos défauts de caractère et nos faiblesses étaient entre les mains de Dieu. Maintenant, pour rester à l'aise dans la vie, nous devons rapidement nettoyer les dégâts que nos défauts de caractère et nos lacunes ont pu créer.

CHANGEMENT

À ce stade de notre voyage vers l'impuissance totale, une question troublante se pose souvent. Si nous sommes impuissants, pouvons-nous changer quelque chose, ou sommes-nous condamnés à répéter inlassablement les mêmes erreurs encore et encore ?

La réponse n'est pas si simple. En tant qu'êtres humains, nous avons des désirs et les désirs signifient le changement. Si j'ai un mal de tête, je vais évidemment vouloir changer les choses pour que la douleur cesse. Si j'ai un tempérament colérique qui me cause si souvent des ennuis, je vais naturellement vouloir changer afin que ma vie devienne plus libre vis-à-vis de la colère.

Nous savons pour l'avoir vécu dans nos vies jusqu'à ce jour, que la seule chose qui est constante, est le changement. Rien dans l'univers n'est statique. Nous savons que le changement peut et doit arriver, mais lorsque le FSA est impliqué, nous perdons de vue la source du changement. L'activité du FSA nous fait croire, en fin de compte, que nous sommes responsables de faire en sorte que le changement arrive. L'anxiété s'ensuit inévitablement. Lorsque le FSA est actif, nous avons l'impression d'être celui qui change les choses. Nous revendiquons être l'auteur des efforts dans l'espoir de réaliser le changement souhaité. Si le changement se PRODUIT, le FSA tire alors le mérite d'avoir provoqué le changement. Si le changement ne se produit pas, nous (comme le FSA) assumons le blâme. Mais la même question fondamentale s'applique : sommes-nous les auteurs du changement, ou bien sommes-nous les agents par l'intermédiaire desquels le changement se produit ?

La solution tentante pour cette question difficile est de proposer que nous sommes « co-auteur » du changement. Cette solution reconnaît qu'il y a des forces plus grandes que nous, mais nous laisse avec le sentiment réconfortant d'avoir au moins un CERTAIN pouvoir personnel. Cependant, si nous sommes vraiment honnêtes dans notre enquête, nous devons remettre en question la validité de cette affirmation d'un CERTAIN pouvoir personnel. Même si nous décidons que nous l'avons, d'où l'avons-nous obtenu en premier lieu ?

À ce stade, il va presque sans dire que nous avons besoin de ce que le Gros Livre appelle « l'aide de Dieu » afin d'avoir le pouvoir de faire quoi que ce soit. Si nous sommes religieux, nous pouvons demander à Dieu de l'aide. Si nous ne sommes pas religieux et que l'on s'appuie sur l'Enseignement Vivant, nous pouvons nous reposer confortablement dans la compréhension que « l'aide de Dieu » viendra prochainement — ou pas. Réaliser et accepter CE « ou pas » fait partie d'un approfondissement de la compréhension et de la maturité spirituelle. Nous n'obtenons pas toujours ce que nous voulons, ce que nous demandons ou ce pour quoi nous prions, ou bien encore ce que nous pensons avoir besoin ou ce que nous méritons. Nous obtenons ce que nous obtenons.

Ceux qui étudient l'Enseignement Vivant sont invités à reconnaître que tout ce qui se passe ou ne se passe pas dans le moment fait partie de ce qui est. Beaucoup de gens confondent une telle attitude avec le fatalisme. Ce n'est pas le cas. Et, cela n'est pas non plus, une affirmation New Age que tout ce qui se passe, c'est pour le bien supérieur. Il s'agit plutôt d'un coup de pouce vers une paix permanente dans laquelle il y a une absence totale de crédit ou de blâme personnel pour ce qui se passe. Une telle reconnaissance implique que le changement est inévitable. Ce n'est pas parce que les choses étaient d'une certaine façon pendant un certain temps — même un long moment — que cela signifie nécessairement qu'elles vont continuer dans cette voie.

Une telle compréhension peut se résumer par une phrases les plus sages jamais écrites, à mes yeux : « Ceci aussi passera. »

ERREURS

Alors que nous poursuivons l'inventaire personnel durant la Dixième Étape, nous observant nous-mêmes dans les situations toujours changeantes, nous allons sans doute faire des erreurs. Lorsque le FSA est actif et impliqué, nous souffrons lorsque nous faisons des erreurs. Un dialogue intérieur a lieu dans lequel nous nous réprimandons pour ce que nous aurions pu faire ou que nous aurions dû faire différemment. Mais lorsque le FSA n'a pas la prétention d'être la source de l'action, la réponse est tout à fait différente face à des erreurs. Si nous faisons une erreur, il y a toujours la reconnaissance du fait que nous avons merdé mais elle est libre du sens de : « *Je suis* une grosse merde. » Notre expérience est que lorsque nous ne perdons pas d'énergie à nous battre contre nous-mêmes à cause des erreurs que nous avons inévitablement commises dans la vie, nous avons beaucoup plus d'énergie disponible pour nettoyer le gâchis que l'erreur a causé. C'est le processus de dédommagement rapide et continue proposé dans la Dixième Étape.

Le même principe s'applique aux erreurs des autres. Notre jugement se limite à leur action et ne s'étend pas comme un jugement de leur valeur en tant que personne. Cela peut sembler une distinction subtile mais elle est en fait assez profonde.

L'arrogance et l'insécurité sont des attributs jumeaux de l'implication du FSA. Une partie de la revendication du FSA qui contrôle est l'affirmation d'avoir raison. Pourtant, nous ne sommes pas sûrs parce que nous savons très bien à partir de toute une vie d'expérience que même si nous sommes convaincus que nous avons raison, nous avons peut-être tort. Souvent, nous devenons défensifs et têtus. Mais, comme les revendications du FSA s'affaiblissent à travers notre pratique actuelle des Étapes et à travers l'enquête proposée par l'Advaita, on peut beaucoup plus facilement admettre quand nous avons tort.

Nous découvrons que se tromper n'est pas l'horrible tragédie que le FSA crée pour exister. Nous ne sommes pas diminués si parfois on se trompe ou lorsque nous faisons des erreurs, nous sommes simplement humains. Nous constatons, par ailleurs, que lorsque nous admettons avoir tort vis-à-vis d'un autre, les défenses de l'autre s'amenuisent aussi. Un espace est créé dans lequel la connexion humaine de base et la coopération sont beaucoup plus susceptibles de se produire.

Que cela vous trouve maintenant.

ÉTAPE ONZE

« Nous avons cherché par la prière
et la méditation à améliorer notre contact conscient
avec Dieu, tel que nous le concevions, Lui demandant
seulement de connaître Sa volonté à notre égard
et la force de l'exécuter. »

Dès que vous mentionnez la prière ou la méditation à quelqu'un, vous pouvez voir aussitôt sa mine et son comportement devenir grave et sérieux. Nous avons tous eu une vie de conditionnement qui implique que la communication avec la source (Dieu) est une affaire sérieuse. Sourire et rire ne sont pas permis ! Pourtant, il n'est pas nécessaire d'être grave lorsque la prière et la méditation sont totalement intégrées dans notre vie quotidienne et peuvent devenir très légères et joyeuses.

« Au cours de la journée, nous faisons une pause lorsque l'agitation et le doute s'emparent de nous pour demander d'avoir la bonne pensée ou la bonne action. Sans cesse nous nous rappelons que ce n'est pas nous qui dirigeons le spectacle et plusieurs fois par jour nous répétons humblement : « Que ta volonté soit faite ! » Nous sommes alors beaucoup moins exposés à prendre des décisions folles ou à être en proie à la peur, la colère, l'inquiétude, ou l'apitoiement. Nous devenons beaucoup plus efficaces. Nous nous fatiguons beaucoup moins vite car nous ne gaspillons pas notre énergie bêtement comme du temps où nous tentions d'arranger la vie à notre convenance. Ça marche ! Ça marche vraiment. » [31]

Dans ce qui précède, les Étapes, toujours pratiques, offrent des conseils judicieux pour ceux qui ont encore des difficultés. Pause (si possible) et n'oubliez pas que C'EST « Sa volonté » qui est TOUJOURS en cours. Solidement enracinés dans cette prise de conscience, nous cessons de lutter avec ce qui Est et alors nous connaissons la paix indépendamment de ce que nous sommes en train de faire.

Nous bénéficions de faire une pause lorsque nous sommes agités ou indécis, car l'agitation est généralement le résultat de l'implication du FSA. L'activité du FSA nous distrait de la tâche à accomplir. Il est bruyant, un peu comme un accident sur le bord de la route presque impossible à ignorer. Lorsque nous faisons une pause, l'espace et le calme suivent habituellement. Dans cet espace créé par la pause, coule souvent la clarté et l'inspiration. Une méditation quotidienne formelle est une sorte de pause qui peut apporter d'énormes avantages. Même courtes, de mini-pauses peuvent s'avérer très utiles en nous évitant d'être entraînés dans le tourbillon créé par le FSA avec ces incessants « JE DEVRAIS. » Juste se concentrer sur quelques respirations profondes, les yeux fermés, font souvent des merveilles. Si vous pouvez vous en souvenir, essayez et regardez ce qui se passe

Tout fonctionne vraiment beaucoup plus facilement et plus efficacement lorsque nous cessons de nous bercer dans l'illusion que nous sommes les maîtres de notre destinée et que tout dépend de nous ! Reconnaître notre impuissance personnelle (que nous ne prétendons plus être celui qui mène le spectacle) est un SECRET sans surveillance pour une vie harmonieuse.

L'éveil spirituel est une compréhension dans laquelle il est vu que tout ce qui arrive dans l'univers peut être décrit en utilisant l'un des deux termes suivants. Pour les choses que nous approuvons ou considérons positives, nous pouvons utiliser le terme de Grâce et pour les choses que nous réprouvons ou que nous envisageons comme négatives, nous pouvons les définir selon le terme de Volonté de Dieu. Ces deux termes sont des indicateurs puissants sur le fait que tout ce qui arrive est un mouvement de l'Océan. Les vagues ne sont pas les auteurs de ce qu'elles font, même si parfois elles prétendent l'être.

Lorsque nous commençons à regarder en nous-mêmes pour la première fois, nous pouvons réaliser tout d'un coup que ce qui est-là, est l'océan et cela est une vision qui élargit la conscience. Pourtant, pour la plupart d'entre nous, cette reconnaissance de notre océanité inhérente est connue seulement à partir de la perspective de nous-mêmes en tant que *gouttelette* de l'Océan. Bien que ce soit encore une vision limitée, une fois que nous nous sommes perçus comme l'Océan, il n'y a plus de retour en arrière possible. Inévitablement, pendant un certain temps, il y a un va-et-vient entre le sentiment que nous sommes gouttelettes séparées et que nous sommes l'Océan. L'éveil spirituel, lorsqu'il survient, est que nous ne sommes pas séparés, nous ne sommes pas une gouttelette indépendante de l'Océan qui devrait être réunie au grand Océan, et nous ne l'avons jamais été. Nous sommes ni plus ni moins que l'Océan qui s'exprime comme la Vie Elle-même.

L'Étape Onze est une autre étape dans laquelle il y a un exercice de funambulisme intéressant entre la religiosité et la compréhension de la non-dualité. La phrase : « priant seulement pour connaître la volonté de Dieu pour nous et le pouvoir de la réaliser, » selon les mots de l'Advaita signifie que nous tentons de réaliser que tout est la volonté de Dieu (le mouvement de l'Océan), et que nous sommes à même de voir que tout pouvoir que nous, les vagues, possédons pour faire quelque chose est donné par Dieu — que tout est un mouvement de l'Océan.

RESPONSABILITÉ PERSONNELLE

Où que j'aille dans le monde pour parler aux gens au sujet de l'impuissance personnelle, il y a toujours quelqu'un pour demander : Qu'en est-il de la responsabilité personnelle ? Puis-je agir de façon irresponsable et si quelqu'un s'y oppose juste lui dire que c'est Dieu qui me l'a fait faire ?

Ces questions reposent sur l'hypothèse que nous avons un pouvoir inhérent de créer une action. C'est précisément cette hypothèse qui est à la racine de notre enquête. Avons-nous ce pouvoir ? Si c'est le cas, pouvons-nous le contrôler ? Si nous étions en mesure de le contrôler, pourquoi agissons nous de façon à nous blesser nous-mêmes ou ceux que nous aimons ? Si vous êtes capable de regarder profondément en vous-même, comme le suggère l'Étape Onze, vous pourriez trouver la réponse à ces questions.

L'impuissance est une compréhension, pas une excuse. Une fois au cours d'un Satsang à Vienne, un homme était venu accompagné de sa femme. Quand le temps des questions est arrivé, il a levé la main avec enthousiasme. Il a dit : « Je suis tellement heureux que vous soyez finalement venu à Vienne, j'ai amené ma femme ici, pour que vous puissiez lui expliquer comment nous sommes tous impuissants et que c'est la conscience qui est responsable de tout. Vous voyez, j'aime avoir des relations sexuelles avec d'autres femmes mais elle, elle n'aime pas ça. J'ai bien essayé de lui expliquer que c'est l'Océan opérant à travers moi qui me fait faire ce genre de choses mais elle ne comprend pas. Alors, s'il vous plaît, pourriez-vous lui expliquer mieux.

« Je vais essayer », dis-je. « Votre mari a raison quand il dit que son comportement sexuel est alimenté par une force plus grande que son ego. Et cette force peut lui donner le pouvoir de contrôler son comportement ou pas. Avec cette compréhension, vous ne pouvez pas le haïr pour ce qu'il fait mais voyez aussi que votre réaction est alimentée par la même force. La même force qui l'oblige à avoir des relations sexuelles avec d'autres femmes peut vous contraindre à le quitter ou à prendre un amant vous-mêmes ou peut-être même le tuer dans une crise de jalousie. Personne ne peut prédire ce qui va arriver. » Aucun d'eux n'avait vraiment l'air très heureux de cette réponse et je ne les ai jamais revus ni l'un ni l'autre.

Nos familles, nos employeurs et la société dans laquelle nous vivons vont continuer à nous tenir responsables de nos actions (ou non). Nous pouvons être récompensés ou punis selon la façon dont les autres évaluent ce que nous faisons. Le système n'est ni rigide ni équitable. Parfois, nos mauvaises actions échappent à la punition et nos bonnes actions n'obtiennent pas de récompense. La vie joue selon ses propres règles et elles sont finalement trop complexes pour que l'esprit humain puisse les saisir. Certaines personnes croient que l'équité sera rétablie dans l'au-delà ou dans une prochaine vie. Des systèmes complexes de karma, de ciel, d'enfer et de renaissance abondent. L'Enseignement Vivant tout comme les Douze Étapes restent résolument en dehors de telles spéculations. Peut-être, est-ce le Bouddha qui en a fait le meilleur résumé quand il a dit dans le Sutra du Lankavatara : « Les événements se produisent, les actes sont faits mais il n'y a aucune personne individuelle qui fait cela. »

LA CONSCIENCE DE DIEU

Les Étapes se réfèrent au contact conscient avec Dieu, ce qui est une façon de dire : avoir une expérience spirituelle ou entrevoir notre vraie nature. Il existe d'innombrables formes de pratiques spirituelles destinées à améliorer notre « contact conscient. » Une partie du plaisir et de l'excitation de la vie spirituelle est de se promener dans le grand marché spirituel — c'est un peu comme explorer le grand Bazar d'Istanbul. Il y a des milliers de marchands chacun avec enthousiasme offrant leurs marchandises : « Monsieur ! Regardez ce trésor ici

Monsieur ! » « Par ici Madame ! Essayez celui-ci ! Non, ici, celui-là est le meilleur, essayer une partie de ce Tai Chi, Monsieur. Bonjour, ici j'ai la prière du cœur. Psitt, psitt, voulez-vous essayer le Tantra ? S'il vous plaît Monsieur, essayez mon yoga dans un four chaud. Madame, jetez un œil sur cette belle méditation Vipassana. Excusez-moi Mademoiselle, voudriez-vous essayer quelques charmantes affirmations ? Ici j'ai la meilleure enquête sur le Soi. » « Monsieur » « Madame ! »

Oui, cela peut être écrasant. Cela dépend de votre tempérament, vous pouvez préférer l'excitation de faire le chemin seul, ou bien de vous sentir sécurisé par un guide. La chose importante, c'est d'y aller et de le faire. Essayez ceci. Essayez cela. Il y a les huttes à sudation, les études bibliques, les réunions de renouvellement de Foi et les cours de yoga. Il y a des cercles de tambours et des cercles de partage, les promenades dans un labyrinthe et les pèlerinages de toutes sortes. Voyez ce qui vous convient. Quand il s'agit de pratiques spirituelles, il en existe une variété quasi infinie, et si on ne se sent pas bien avec l'une, il suffit tout simplement d'en essayer une autre. Trouvez-en une qui vous semble intéressante et voyez où cela vous mène. Ne vous en faites pas. Détendez-vous... si vous le pouvez ! Il n'est pas nécessaire que vous vous débattiez, mais si vous vous trouvez en difficulté, rappelez-vous que c'est l'Océan qui est en mouvement à travers vous.

Quand j'ai commencé mon propre parcours à travers le Grand Bazar Spirituel, mon objectif était simple — trouver la Puissance. J'avais reconnu au cours de la première Étape que j'étais totalement impuissant devant les drogues, l'alcool et devant un tas d'autres choses aussi.

J'avais même admis d'une certaine façon que j'étais limité dans ma capacité à gouverner ma propre vie. Ma première compréhension des Étapes était que la solution résidait dans le pouvoir spirituel et donc j'ai eu l'intention d'en obtenir un peu — et même de préférence BEAUCOUP ! Après tout, le principe selon lequel j'avais vécu toute ma vie avait été que plus est mieux. J'étais particulièrement intéressé par les techniques qui pourraient m'aider à m'élever au niveau de Dieu. Je me disais qu'avec mon cerveau et la puissance de Dieu, nous allions pouvoir faire de grandes choses ensemble ! Heureusement, j'ai réussi à traverser cette Étape assez rapidement. Il s'en est suivi une série de pratiques spirituelles et d'enseignements qui allaient du sublime au ridicule. J'ai appris quelque chose de nouveau à partir de chacun d'eux. La réalisation réelle que j'étais TOTALEMENT impuissant et que tout se finissait parfaitement (y compris mon goût d'aimer ou de ne pas aimer) allait venir plus tard.

Les créateurs du Gros Livre ont observé : « *Dans une certaine mesure, nous sommes devenus conscients de Dieu.* »[32]

Pour l'Enseignement Vivant, cette déclaration se réfère à une prise de conscience croissante du fait que nous ne sommes pas des entités indépendantes comme nous avons eu tendance à le croire auparavant. Au contraire, nous sommes les aspects manifestés du Soi divin (Océan). Lorsque nous commençons à nous connaître en tant que vague plutôt que gouttelette séparée, par définition, nous commençons à nous connaître en tant qu'Océan. Les auteurs des Étapes nous orientent vers cette conscience de Dieu ou de l'expérience spirituelle.

La conscience de Dieu est aussi le début de la conscience de Soi, qui, dans l'Enseignement Vivant est parfois appelé « témoignage ». Nous commençons à nous observer nous-mêmes et ce que nous faisons d'une manière nouvelle. Ce témoignage est essentiellement impersonnel. Nous sommes conscients de nous-mêmes mais pas de la même manière que précédemment car il y a absence d'auto-critique. Nous nous regardons agir et réagir. Quand nous faisons quelque chose de bien, on est content sans fierté et lorsque nous faisons quelque chose de pas gentil ou de malhonnête, nous le regrettons sans culpabilité. De ce point de vue, nous sommes beaucoup plus susceptibles d'être en mesure de reconnaître rapidement les actions effectuées qui nécessitent un nettoyage (demande de réparation). Dans cet état, comme il y a moins de participation du FSA, il y a beaucoup moins d'attitudes défensives et d'auto-justifications, tout ce qui nous limite, nous privant de vitalité.

Devenir « conscient de Dieu » signifie également que nous commençons à comprendre la différence entre faire quelque chose et le sentiment d'être l'auteur de ce faire. Les vagues vont « faire », mais seul l'Océan en est l'auteur. Lorsque nous nous savons être des vagues, nous reconnaissons que nos actions, pensées et sentiments sont le mouvement de l'océan dont nous sommes une partie. Nous n'avons plus l'expérience de la souffrance liée au sentiment de la responsabilité personnelle d'être les auteurs (créateurs) de nos actions que nous avons quand nous nous considérons avoir le pouvoir comme des entités indépendantes (gouttelettes). De plus en plus, cette prise de conscience se répand à partir de l'intellect dans le cœur, où elle devient stable et permanente.

LA VOLONTÉ DE DIEU

Le Gros Livre reconnaît que même si théoriquement à la deuxième Étape, vous avez remis votre volonté et votre vie aux bons soins de Dieu, vous avez très probablement un certain sens de la volonté personnelle (FSA) qui reste encore actif. Il dit :

> « Chaque jour, le souci de la volonté de Dieu doit être présent dans notre esprit et se manifester dans toute notre conduite. » Que dois-je faire pour vous servir le mieux possible, pour que votre volonté soit faite et non la mienne ? « Cette pensée doit vous accompagner en permanence. Nous pouvons exercer notre propre volonté de cette façon autant que nous le voulons. C'est cela la bonne façon de se servir de la volonté. »[33]

Ici, nous sommes confrontés à un problème épineux. Comment pouvons-nous exercer notre volonté (correctement ou non) si nous sommes vraiment impuissants ?

La plupart des gens abordent le début des Étapes avec une pensée traditionnelle : « Je suis une entité séparée et indépendante capable d'auto-volonté (une gouttelette). » Grâce au processus de travail qui a lieu au cours des Étapes, ils peuvent finalement mieux comprendre et réaliser : « Je suis comme une vague complètement intégrée à l'Océan qui fait tout. » Afin de parler aux gens de chaque étape du développement spirituel, le Gros Livre marche sur le fil du rasoir entre les deux. Au début, il y a habituellement une énorme incertitude sur la façon de savoir quelle partie de la vie où il nous appartient de contrôler et quelle partie où c'est à Dieu de contrôler. Au fur et à mesure que nous devenons de plus en plus conscients de notre vraie nature, l'idée même d'avoir une volonté propre devient de plus en plus absurde.

Lorsque j'ai été confronté à cette question, j'ai eu un très bon conseil de mon ami et guide, Lee. Nous parlions de la Prière de la Sérénité, qui dit :

Mon Dieu, donnez-moi la sérénité d'accepter
les choses que je ne peux pas changer,
Le courage de changer les choses que je peux,
Et la sagesse d'en connaître la différence.

Je n'arrivais pas à comprendre clairement ce que je devais accepter et ce que je devais changer. Pour résoudre ce dilemme, Lee à partir de sa propre expérience m'a dit qu'il avait pris une feuille de papier et tracé une ligne au milieu de haut en bas. D'un côté de la ligne, il a énuméré les choses qu'il pensait pouvoir probablement changer et de l'autre côté, il a listé les choses qu'il pensait probablement devoir accepter sans pouvoir les changer. Ensuite, il a rangé cette liste et l'a reprise six mois plus tard afin de réévaluer ce qu'il pensait pouvoir changer et ce qu'il devait accepter. Pendant plusieurs années, il a répété ce processus, et selon son observation, les choses placées du côté de ce qu'il pouvait changer pouvaient être déplacées du côté de la ligne des choses qu'il devait accepter, mais jamais aucune n'a été déplacée dans l'autre sens !

Une fois que vous avez admis que vous êtes impuissant sur au moins une chose (comme c'est le cas dans la première Étape) vous êtes impliqué dans un processus qui se révèle avoir son propre mouvement. C'est comme si le FSA qui prétend être séparé, être un « vous » indépendant, avait un cancer. Ce cancer de la **Compréhension** va progressivement remplacer le faux « vous » jusqu'à ce qu'il ait totalement disparu, alors seule reste la **Compréhension**.

Un énorme avantage de la pratique des Étapes et de l'Enseignement Vivant, c'est que tous deux ne subissent ni les mêmes contraintes ni le même besoin de cohérence que peuvent connaître les religions, les philosophies et les règles morales. Bien que de nombreuses personnes respectent les Étapes avec l'immuabilité de l'Écriture, elles sont, à mon avis, simplement d'excellents indicateurs et guides. Elles changent comme nous changeons. Notre croissance et notre approfondissement de la compréhension vont contribuer à éclairer les aspects des Étapes et de l'Enseignement Vivant qui étaient tout simplement invisibles pour nous au début.

LE CHEMIN SPIRITUEL

Vous envisagez la voie
comme une longue
et pénible ascension
jusqu'au sommet de la montagne.
Vous savez qu'il peut y avoir
de nombreux sentiers différents
Mais vous êtes sûr que tous
ont le même objectif supérieur.
Ram Tzu sait cela...
Il y a de nombreux chemins

*comme les torrents
qui coulent sans effort
(mais pas nécessairement sans douleur)
vers le bas de la montagne.*

*Et tous disparaissent
dans les sables du désert en contre-bas.*[34]

 Les voies pour obtenir une libération de l'asservissement à soi-même sont nombreuses et variées. En Inde, les voies spirituelles appelées « yogas » sont divisées en quatre grandes catégories. Ce sont le chemin de la connaissance (Jnana), de la dévotion (Bhakti), du service (Karma) et du corps/souffle (Hatha). Ces voies correspondent aux grandes divisions naturelles de la population. Ces chemins reconnaissent que certaines personnes sont plus intellectuelles, que d'autres voient la vie à travers leurs émotions, certaines sont orientées vers le service tandis que d'autres encore sont plus kinesthésiques dans leur nature.

 Il est important de se rappeler que les différentes voies ne sont pas séparées. Les distinctions entre elles sont purement théoriques, et non réelles. L'esprit, le cœur et le corps sont liés dans un ensemble homogène. Quelle que soit la voie empruntée, le critère reste, « la libération de l'asservissement à soi-même. » Il est tentant de voir cette fin de l'asservissement à soi comme quelque chose qu'il nous faut réaliser. Les Étapes et l'Enseignement Vivant sont tous les deux là pour nous rappeler que, comme pour tout le reste, c'est vraiment une question de Grâce. Si cela est oublié et que le progrès spirituel est revendiqué par le FSA comme étant son propre accomplissement, alors l'orgueil spirituel apparaît de suite (et la souffrance qui l'accompagne aussi).

Nos personnalités nous attirent vers différentes voies spirituelles. Les extravertis sont plus souvent attirés par les chemins de l'action et de la dévotion, les introvertis ont tendance à aller vers les chemins de la connaissance et du corps/souffle. Les gens qui sont par nature plus émotionnels tendent vers la voie de la dévotion, tandis que les personnes plus intellectuelles, par nature, tendent vers la voie de la connaissance.

Il convient de noter que chacun de nous est un mélange de toutes ces qualités. Personne n'est exclusivement ceci ou cela. En outre, aucune voie n'est intrinsèquement meilleure qu'une autre, bien que les gens qui se trouvent parfaitement adaptés à une voie en particulier imaginent souvent que la voie ELLE-MÊME est la voie parfaite. En reconnaissant qu'il existe différentes voies, toutes aussi précieuses les unes que les autres, et en voyant que c'est notre nature qui nous entraîne à une pratique particulière, nous pouvons être libres de l'arrogance qui peut l'accompagner lorsqu'on trouve le chemin qui nous convient.

LIBÉRATION DE L'ASSERVISSEMENT À SOI-MÊME[35]

« Lorsque vous comprenez le sens du Soi, il n'y aura plus de place pour l'égoïsme. Comprendre parfaitement cela, demeurez en lui, alors en temps voulu, vous le réaliserez. Lorsque le moment est venu, alors il arrivera. »[36] –Nisargadatta Maharaj

L'éveil spirituel ou l'expérience spirituelle peuvent être définis comme étant la libération de l'asservissement à soi-même. Pour être libéré de cet esclavage, il doit être compris que le Moi qui revendique la responsabilité pour toutes les choses est un fantôme, qu'il n'existe pas, sauf dans notre imagination inconsciente. Lorsque cela est saisi, il est tentant de rejeter toute idée d'être soi-même et de commencer à s'identifier exclusivement comme source, mais avec le temps et la maturité, cela s'avère également inutile.

Quand nous nous penchons de plus en plus profondément sur la question de soi, on se rend compte que ce qui nous maintient dans l'asservissement n'est pas le soi, lui même, mais le faux sentiment d'être un acteur indépendant qui a détourné le soi, et l'a perverti. C'est une distinction subtile mais cruciale qui mérite d'être regardée profondément, car cela peut vous permettre d'éviter beaucoup de maladresses et de chagrins. Je ne peux pas vous dire combien de personnes au cours des années m'ont rendu visite et m'ont fièrement proclamé n'être personne !

UN JOUR À LA FOIS

La sagesse collective incarnée dans les Douze Étapes peut se résumer dans cette phrase : « Un jour à la fois. » Les projections dans le futur sont du fourrage pour le FSA. Certains d'entre nous savent bien que nous n'avons pas de pouvoir suffisant pour contrôler le futur. En conséquence, nous devenons craintifs et pour certains nous devons absolument faire quelque chose de manière frénétique et pour d'autres de rester immobiles. Le sentiment que nous DEVONS contrôler sinon le résultat sera négatif, nous met dans une position horrible. C'est comme de lutter à contre-courant. Si vous nagez dans la mer et que vous êtes emportés par un courant sagittal, la réaction instinctive est d'essayer de nager directement vers le rivage. Malheureusement, il est impossible de vaincre la force de ce courant et vous serez rapidement épuisés tout en étant emportés vers le large. La solution réside à nager avec le courant puisque le courant sagittal est un phénomène localisé. Si vous faites cela, vous serez bientôt hors de lui. Réorienter votre regard fixé sur l'avenir vers ce qui se passe maintenant (vivre un jour à la fois) est une façon de nager avec le courant. Comme nous allons bientôt le découvrir dans la douzième Étape, aider les autres quand les choses vont mal pour vous est un autre moyen efficace de nager avec le courant. Si vous avez la chance de pouvoir faire l'un ou l'autre, vous allez inévitablement vous trouver dans les eaux calmes et vous ferez l'expérience d'une sorte de paix et de bien-être, même dans des circonstances difficiles.

Ramana Maharshi de l'Inde du Sud est sans doute le plus célèbre professeur de l'Advaita et universellement respecté. Son enseignement avait suscité l'intérêt de Carl Jung, intéressé aussi par les Douze Étapes car il considérait l'alcoolisme comme une « maladie spirituelle. » Ramana Maharshi a enseigné au sujet de la compréhension de votre propre impuissance, en suggérant de rester tranquille et de vous demander qui êtes vous vraiment (introspection).

«Vous pouvez faire deux choses, soit vous vous abandonnez, parce que vous vous rendez compte de votre incapacité et que vous avez besoin d'une Puissance supérieure pour vous aider, ou bien vous enquêtez sur la cause de la misère, allez à la source, et ainsi fusionnez dans le Soi. De toute façon, vous deviendrez libre de la misère. »[37]

Ramana reconnaît que pour certaines personnes, la prière est une forme d'abandon dans lequel la personne qui prie reconnaît son propre manque de puissance en demandant l'aide de Dieu. Pour d'autres, il indique la méditation comme une forme « d'enquête sur ce qui est à l'origine de la misère, » ces deux voies peuvent mener à l'éveil spirituel qui sera évoqué dans la douzième Étape.

Le pouvoir qui vous a créé, a aussi créé le monde. S'il peut prendre soin de vous, il peut de la même façon prendre soin du monde ... Si Dieu a créé le monde, c'est son affaire de s'en occuper, pas la vôtre.[38] –Ramana Maharshi

En lisant une telle déclaration, le FSA va probablement déclencher l'alarme de la « responsabilité personnelle » puisqu'il prétend être la source de l'action, il crie : « Si je ne le fais pas, rien ne sera fait. Le monde serait dans un état pire que ce qu'il est. C'est juste une autre excuse pour être paresseux et négligents. » Mais Ramana ne veut pas dire que vous devriez ou même que vous pourriez passer votre vie immobile à ne rien faire. Il a dit que si Dieu avait besoin de quelque chose, il va tout d'abord suggérer la pensée d'agir dans l'esprit de quelqu'un et ensuite lui donner toute l'énergie et les ressources nécessaires pour que l'action ait lieu. Là, où la plupart des gens ont des difficultés avec ce concept, c'est qu'il s'applique à tout, y compris aux choses désagréables. Nous avons été élevés pour la plupart d'entre nous avec le principe de la volonté personnelle et nous avons été formés à ce que l'image de Dieu soit seulement la source de tout ce qui est bien. Ce qui nous laisse habituellement, nous en tant qu'individus distincts, à endosser le fardeau de tout ce qui est le mal. Dans l'Enseignement Vivant de l'Advaita, l'Océan (Dieu), est compris comme étant TOUT. Par conséquent, bon et mauvais sont tout deux contenus dans l'Océan. Tout ce qui arrive est reconnu comme étant piloté par l'Océan. L'idée d'une entité séparée et indépendante capable d'être l'auteur des actes bons ou mauvais est finalement perçue comme une illusion.

SATSANG

Les réunions de l'Enseignement Vivant sont souvent appelées satsangs. Satsang est un mot sanskrit qui signifie « un rassemblement dans la Vérité. » Dans le satsang, les participants se sentent souvent une connectivité accrue (un contact conscient) avec le principe unificateur, Dieu, Source, etc. Il s'agit d'une affirmation de l'ordre réel des choses qui est souvent obscurci par l'activité du FSA. Les réunions des Douze Étapes ont aussi parfois cette qualité de satsang. C'est un sentiment plutôt qu'une idée. Il existe de façon sous-jacente à tous les discours et les émotions une essence unificatrice, un sens intuitif qu'au-delà de nos différences, nous sommes tous Un. Demeurer dans ce sentiment, c'est vivre en paix.

Étape Onze

> Pour réaliser le miracle de ce que vous Êtes, vous devez renoncer à l'imagination de ce que vous deviendrez.
> —Ram Tzu

Il convient de rappeler que l'Enseignement Vivant a pour propos le vivant. Parfois, dans le plaisir et l'excitation de la recherche de la Compréhension Ultime ou dans le Silence ou encore dans la Dimension Immobile de l'espace, il est possible de perdre de vue les miracles qui abondent tout autour de nous. Tout simplement, la vie est incroyable !

Mais, s'il vous plaît, ne me prenez pas au mot à ce sujet et ne me demandez pas d'élaborer en quoi les choses sont si fantastiques. Il vaut mieux que vous regardiez par vous-mêmes. Avec la Grâce, cet indicateur va déclencher quelque chose en vous. Peut-être, vous invitera-t-il à faire une pause à partir de cette lecture suffisamment longtemps pour jeter un coup d'œil autour de vous ou bien en vous. Peut-être que vous allez avoir un aperçu de l'Unité sous-jacente de toutes les choses qui se manifeste dans tout ce que vous ressentez.

Je ne peux penser à rien de plus merveilleux que de marcher sur la terre en se sentant bien dans sa peau. Ce don inestimable accompagne la vision directe de qui et ce que vous êtes vraiment.

Que cela vous trouve maintenant !

ÉTAPE DOUZE

« Ayant connu un éveil spirituel comme résultat de ces Étapes, nous avons alors essayé de transmettre ce message à d'autres alcooliques et de mettre en pratique ces principes dans tous les domaines de notre vie. »

Dans la première Édition du Gros Livre, il y avait une certaine confusion au sujet des termes « expérience spirituelle » et « éveil spirituel » ce qui a conduit à ajouter lors de la réimpression, une annexe clarifiant ce sujet. Cela mérite d'être lu. Elle montre clairement que l'expérience spirituelle ou l'éveil peuvent prendre de nombreuses formes. Pour certains, il est soudain et dramatique, et pour d'autres, progressif et à peine perceptible.

Le Gros Livre indique également :

> « La plupart d'entre nous croyons que cette conscience de la présence d'une puissance supérieure à nous-mêmes constitue l'essence même de l'expérience spirituelle. Les plus religieux d'entre nos membres parlent de : *conscience de la présence de Dieu.* »[39]

L'Enseignement Vivant fait une distinction importante entre l'expérience spirituelle et l'éveil spirituel. Nous utilisons le terme d'expérience spirituelle pour décrire ces moments qui vont et viennent dans la vie spirituelle au cours de laquelle il y a une expérience de l'unité inhérente à toutes choses. C'est la reconnaissance que moi et l'autre sont un. Le terme éveil spirituel indique une réalisation permanente. Il peut être considéré comme la mort du faux sentiment d'être auteur (FSA), sans possibilité de résurrection — et c'est irréversible. Il s'agit de la réalisation d'une unité transcendante qui a toujours été là et le sera toujours. Il s'agit de l'unité qui est le contenant du temps et le contenant de l'expérience mais n'est pas une chose en soi qui peut être contenue. (Si cela ressemble à du charabia pour vous, ne vous inquiétez pas, la compréhension intellectuelle n'est pas le principal objectif ici.) Aussi bien l'expérience spirituelle que l'éveil spirituel, viennent à leur propre rythme et quand ils le font, tous les mots et les explications s'avèrent être des outils peu appropriés.

L'objectif de l'Enseignement Vivant est d'apporter une prise de conscience que nous sommes juste des aspects intégrés d'un TOUT. Grâce à une telle sensibilisation préconsciente, nous nous trouvons dans un état d'acceptation de CE QUI EST. Nous cessons de lutter, même lorsque nous travaillons dur pour changer quelque chose que nous n'aimons pas. C'est vraiment la plus bienheureuse des conditions humaines.

LA DISPARITION DE LA CULPABILITÉ

Souvent les gens qui se sentent coupables affirment que la culpabilité est nécessaire pour garantir un bon comportement. Et, ils ajoutent que la culpabilité nous empêche d'agir mal. C'est un argument étrange, car tout le monde sait bien, à partir de sa propre expérience, qu'on répète parfois les mêmes comportements dont on se sentait précédemment coupable. Donc, même si elle est un inhibiteur, elle ne s'avère pas très efficace. L'expérience de ceux d'entre nous qui avons eu un éveil spirituel, de sorte que le FSA est mort et que la culpabilité ne surgit plus, est qu'il n'y a pas d'augmentation soudaine des comportements négatifs. Malheureusement, il ne semble pas y avoir une augmentation soudaine des comportements positifs, non plus !

JE SUIS UN AVEC TOUT — ET MAINTENANT ?

La vie est pour vivre. Peu importe si vous avez eu une expérience spirituelle ou un éveil spirituel, la vie continue à travers ce corps-esprit. Nous continuons de manger, dormir, aimer, travailler, jouer, discuter, combattre, aider, danser, rire et pleurer en conformité avec notre nature et les impératifs du moment. Il est très rare que nous soyons transformés en saints. Cependant, les idées qui viennent à travers les processus décrits dans ce livre comportent inévitablement une réduction de l'égoïsme et de l'égocentrisme. Nos cœurs s'ouvrent naturellement aux autres, et en particulier à ceux qui sont aux prises avec des dépendances ou ont des difficultés que nous avons déjà rencontrées. La douzième Étape nous invite à partager notre « expérience, force et espoir » avec ceux qui sont encore dans la souffrance.

Bien que ces personnes souffrent d'addiction ou de l'illusion d'être séparées, indépendantes avec suffisamment de pouvoir pour croire qu'elles sont les auteurs responsables de créer une vie réussie, leur fardeau ne pourra être allégé qu'en se familiarisant avec notre expérience directe et la transformation positive qui accompagne habituellement les enseignements abordés dans ce livre.

Il s'agit d'un modèle observable dans l'existence humaine que lorsque nous aidons les autres sans attendre de récompense, notre propre vie se trouve enrichie. Dans la tradition orientale, c'est ce qu'on appelle le karma yoga et les Douze Étapes vont totalement dans ce sens. Ceux d'entre nous qui sont des survivants de la toxicomanie sont dans une position unique pour offrir leur expérience authentique à d'autres qui souffrent encore de cette condition. Ce partage est un processus étonnant, apportant la force et l'espoir qui sont en quelque sorte transférés à l'autre. Ainsi, beaucoup d'entre nous ont vu le miracle de la guérison se produire encore et encore. En conséquence, une riche tradition s'est développée parmi les différents programmes dans les Douze Étapes. Les membres du groupe, qui ont idéalement traversé toutes les Étapes ou du moins la plupart, partagent librement leurs expériences sur la base d'un tête-à-tête avec quelqu'un de nouveau dans le processus. C'est un véritable privilège de guider quelqu'un dans ce voyage de la guérison et de la découverte de soi. Après avoir généreusement donné notre temps et notre énergie pour aider un autre afin qu'il devienne vraiment vivant, c'est en quelque sorte une façon de réaffirmer la Grâce dans laquelle nous vivons aujourd'hui. Cela dit, il est tout aussi important de comprendre que la relation parrain/filleul est soumise à toutes les variations personnelles possibles comme dans toute relation humaine.

Au début, la relation est inévitablement déséquilibrée puisque le parrain est celui qui a l'expérience, l'information, la guérison et la paix, bref tout ce que le filleul recherche. Dans ce type de relation, le plus grand défi pour le parrain est de résister à la tentation de devenir un expert et de rester juste quelqu'un qui partage son expérience. Le plus grand succès de ces relations qui évoluent dans une incroyable intimité, réside dans le partage équilibré entre les deux, ce qui enrichit la vie des deux participants, parfois même pour toute une vie.

Rien ne vous mettra plus en contact avec l'impuissance personnelle que de travailler avec d'autres. Vous remarquerez que cette Étape nous dit « tenter » de porter le message. À ce stade dans le processus, il est clair que nous n'avons pas le pouvoir personnel pour arriver à un résultat. Nous pouvons essayer de transmettre le message, mais le succès ou l'échec de nos efforts n'est pas entre nos mains. Comme on dit chez les AA : « Nous ne les dessaoulons pas mais nous ne les saoulons pas non plus. »

PARTAGER NOTRE EXPÉRIENCE

Il y a une différence monumentale entre le partage de notre propre expérience avec les autres et de dire aux gens ce que nous croyons être vrai. Premièrement, personne ne peut s'opposer à notre expérience. Quand nous partageons vraiment notre expérience, l'attention de nos auditeurs ne faiblit pas comme quand ils ont le sentiment que nous essayons de changer leurs croyances ou d'essayer de les convaincre que nos opinions sont justes.

Le Gros Livre dit :

> « A moins que notre famille exprime le désir de vivre selon des principes spirituels nous croyons qu'il ne faut pas pousser les nôtres sur ce point. Nous devons éviter de leur parler constamment de spiritualité. Ils y viendront à leur heure. Nous prêcherons mieux par notre façon d'agir que par nos paroles. »[41]

C'est vraiment un aperçu éclairé. Il s'applique également aux amis et aux collègues. Permettez à ce que vous êtes devenu de faire l'entretien pour vous. Cela peut prendre un certain temps et de la patience de votre part mais quand les autres observent un changement positif en vous, cela pourrait leur donner envie de vous approcher avec un esprit ouvert et plein de curiosité. Lorsque des personnes avec un intérêt sincère cherchent à entrer en contact avec vous, elles seront beaucoup plus à même d'être réceptives pour écouter votre expérience. Après tout, la preuve de ce que vous partagez se trouve juste en face d'eux — Vous. Primo, ils l'ont déjà remarqué ou bien ils ne vous auraient pas posé la question. Il n'est pas nécessaire de faire du prosélytisme. Nous ne sommes pas en train de construire une religion ni une philosophie ni un mouvement social. Nous cherchons seulement à apprendre à vivre en étant bien dans notre peau en découvrant notre vraie nature, puis de la partager à travers notre présence et nos actes. Ce principe de « l'attraction plutôt que la promotion » est fondamental pour le programme des Douze Étapes. Il s'applique également aux connaissances acquises au travers de l'Enseignement Vivant.

Nous partageons notre expérience, parce que nous avons vu que c'est le moyen le plus efficace de transmettre ce que nous avons appris. Parler aux gens de ce que nous pensons, nous le savons bien, ne fonctionne pas. Par contre, tout le monde aime bien entendre une histoire et notre expérience personnelle est l'histoire que nous connaissons le mieux. Il est facile d'en parler et c'est facile à écouter. La magie est que même si l'auditeur n'a pas partagé notre expérience, une partie de la vérité de notre expérience sera transférée à travers l'histoire.

Peu importe le lieu et le moment où ces expériences sont partagées, si cela est fait de manière totalement authentique, elles demeurent libres des arrières pensées, de dogme, d'un chemin défini, d'une opinion ou d'un plan. Ce que nous avons découvert ne peut pas être enseigné, mais juste constamment partagé puisque c'est notre héritage, personne ne peut en revendiquer la propriété. Notre expérience n'a pas à être soutenue, prouvée ou embellie. Elle est seule tout simplement comme elle est. Espérons qu'à ce stade, nous soyons pleinement convaincus que nous ne contrôlons pas les résultats de nos efforts. Que l'aperçu que nous partageons ne soit pas reconnu ni rejeté, ou bien qu'il devienne réalisé et vécu, nous le savons — ce n'est pas entre nos mains.

Parler avec les gens et partager ses expériences est facile pour les extravertis. Pourtant, des introvertis et solitaires peuvent aussi se sentir bien de partager avec les autres, en particulier lorsque la relation est fondée sur l'acceptation. Après tout, nous sommes inextricablement liés, les uns aux autres comme les vagues et donc à l'Océan. Une partie profonde de chaque être humain reconnaît cela.

Dans la douzième Étape, nous sommes exhortés à abandonner le faux sentiment de séparation pour paradoxalement aider les autres. Pour ce faire, nous réalisons que l'autre n'est pas séparé.

Aider l'autre, nous aide nous-mêmes.

LA VAGUE EST L'OCÉAN

Lors de l'éveil spirituel, nous réalisons la totale unité de la vague et de l'océan. Une caractéristique surprenante de cette réalisation est que les vagues n'ont pas disparu. En fait, les vagues, qu'elles soient belles ou laides, petites ou moyennes, douces ou violentes sont toutes magnifiques, des expressions complexes de l'océan. Nous en venons à comprendre que toutes les qualités, les actions et les réactions des vagues (moi et l'autre) sont donc des expressions de l'Océan. Le fardeau de la fierté et de la culpabilité, porté depuis l'âge de deux ans, glisse de nos épaules, comme s'il n'avait jamais existé.

Chercher à faire fonctionner notre monde comme si nous avions un pouvoir personnel pour contrôler et faire bouger les choses, n'est-ce pas usurper le pouvoir de Dieu (Océan). Il est le blasphème ultime. Quand nous renonçons à cette fausse revendication, quand nous « arrêtons de jouer à Dieu », des changements remarquables se produisent. Les auteurs du Gros Livre décrivent leur expérience comme ceci :

> « De plus en plus, nous cherchions à apporter notre contribution à la vie. Au fur et à mesure, que nous sentions en nous une force nouvelle, que la paix s'installait dans notre esprit, que la réussite de notre vie devenait chose possible, à mesure que nous devenions conscients de sa présence, nous avons commencé à perdre notre peur d'aujourd'hui, de demain et de l'avenir. Nous naissions à nouveau. »[43]

Peut-être avez-vous remarqué le paradoxe étonnant ; si nous reconnaissons notre impuissance personnelle inhérente, il y a un « nouveau flux d'énergie à l'intérieur. » Une partie de la fausse prétention du pouvoir personnel, c'est que sans lui, nous allons nous asseoir à ne rien faire. Dans le meilleur des cas, nous serions uniquement adaptés à aller nous asseoir dans une grotte dans la montagne, être mangé par les rats (et cela nous serait complètement égal) et à distribuer de la sagesse aux chercheurs spirituels assez intrépides pour trouver le chemin jusqu'à nous. À partir de notre expérience collective, ce n'est qu'une fausse peur ! Une fois que nous savons que nous sommes l'Océan sous la forme d'une vague, nous devenons libres d'être nous-mêmes d'une manière que nous n'aurions jamais pu imaginer possible. C'est comme si, nous avions passé notre vie à conduire notre voiture avec le frein à main serré et maintenant d'un seul coup, il n'est plus là.

Les Douze Étapes nous supplient d'appliquer ces principes dans tous les aspects de notre vie. De tous les principes, aucun n'est plus important que celui de la reconnaissance de l'impuissance personnelle. Lorsque nous reconnaissons notre impuissance personnelle dans nos propres actions, le double fardeau de la fierté et la culpabilité disparaissent. Lorsque nous reconnaissons la même impuissance pour les actions des autres, cela nous libère des effets de l'empoisonnement du ressentiment et de la haine. Soulagé de l'orgueil, de la culpabilité, du ressentiment et de la haine, nous vivons confortablement avec la vie comme elle vient, dans une vraie humilité et en paix. Nous réalisons finalement QUI et CE QUE nous sommes vraiment.

Que cela vous trouve maintenant.

UNE CONVERSATION AVEC DIEU

J'ai un plan,
(Dieu glousse)
Pourquoi riez vous ?
Parce que je sais que vous avez un plan.
Ah bon, vous savez ?
Bien sûr, d'où pensez-vous que votre plan soit venu ?
Vous êtes responsable ?
Oui, pour tout.
Tout ?
Tout.
Je pensais que j'avais une volonté libre...
Je sais.
Vous savez ?
Oui, d'où pensez-vous que cette pensée a trouvé son origine ?
Vous revendiquez cela aussi ?

Oui, tout.

Mais attendez. J'ai le pouvoir de choisir. Par exemple, je peux choisir de croire en vous ou pas.

Je sais, celui-là était un de mes plus intelligents — si je peux me permettre. J'aime tout spécialement le moment où vous changez ce que vous croyez en l'exact opposé.

Je commence à penser que vous êtes un sadique.

Peut-être mais, après tout, je suis ta création.

Ma création ? Je pensais que j'étais votre création.

Je sais.

LA FIN EST LE DÉBUT

Dans un moment de Grâce suprême, nous arrivons à la prise de conscience que nous souffrons de la forme la plus insidieuse de dépendance — celle que nous ignorons avoir. Il s'agit de la dépendance au pouvoir lui-même. Nous cherchons à contrôler la vie malgré le fait que tous nos efforts pour la contrôler finissent dans la misère. Pourtant, nous persistons aussi implacablement que n'importe quel dépendant, à poursuivre la paix et le secours dans la chimère d'un pouvoir personnel sans voir qu'il nous échappe toujours. Nous répétons follement le même comportement à maintes reprises avec l'espoir d'un résultat différent. Sous un autre nom, n'est-ce pas la dépendance ? Il n'y a qu'un seul moyen pour en sortir — c'est de foncer au travers ! Nous sommes de retour à la Première Étape. Nous reconnaissons que nous sommes impuissants devant notre dépendance à contrôler. La Première Étape plus que tout autre est la clé de la guérison. Chaque fois que nous nous sentons perdus, confus ou craintifs, nous pouvons revenir au refuge de la Première Étape et être renouvelés.

RÉTABLISSEMENT DU POUVOIR

Le paradoxe durable et l'émerveillement de l'éveil spirituel, c'est le retour du pouvoir. Mais ce pouvoir est ressenti de façon totalement différente : il est impersonnel. Sans l'asservissement à soi-même, le pouvoir de l'Océan joue sans résistance. Toutes nos actions en tant que vagues sont dans le flux avec l'harmonie liquide. Les poètes spirituels enthousiastes comparent ceci à la sensation extatique de l'amour qui est puissante, transformatrice et totalement au-delà de toute possibilité de contrôle personnel.

Il est toujours tentant de s'envoler avec les anges. Après tout, le plaisir, la joie et la réalisation sont faciles à accepter. Ce qui m'a toujours attiré aussi bien pour les Étapes que pour l'Advaita, c'est qu'ils nous enracinent dans la vie telle qu'elle est. S'envoler avec les anges peut, en effet, faire partie de cela mais la vie est bien plus riche et plus complète lorsque nous sommes libérés de l'illusion que la vie peut en quelque sorte prendre la forme d'un bâton à un seul bout. Pouvez-vous imaginer un bâton avec une seule extrémité ? Probablement pas, car dans cet univers tous les bâtons ont deux extrémités. Pourtant, rêver d'une vie dans laquelle il n'y aurait seulement que le bien et pas le mal, la joie et pas le chagrin, uniquement le plaisir et aucune douleur, c'est rêver d'avoir un bâton à un seul bout. Bien sûr, nous préférons la beauté à la laideur et la joie à la tristesse. Mais quand nous fermons les yeux et le cœur aux aspects négatifs de la vie, nous retombons dans l'illusion. Il est tentant d'essayer irrésistiblement d'échapper au négatif et d'avoir seulement le positif. Mais croire que cela est possible et vivre dans le vain espoir qu'un jour, peut-être même dans une autre vie future, vous puissiez obtenir une vie sans rien de négatif, c'est négocier la vie pour rêver. Lorsque vous comparez la vie comme elle est à un idéal de perfection imaginaire, la vie que vous vivez inévitablement ne répond pas et vous souffrez. Vous restez avec le sentiment horrible que les choses DEVRAIENT être différentes de ce qu'elles sont en ce moment. C'est la plus accablante des croyances.

La solution New Age /développement personnel est d'essayer de changer le négatif, les choses difficiles en positif. On nous dit que tout est bon, même le mauvais est bon, et il nous suffit d'ajuster notre perception afin de transformer le mal en bien. Cela peut fonctionner pendant un certain temps mais ceux d'entre nous qui l'ont essayé pendant un certain temps ont vu que de telles tournures d'esprit échouent toujours au final.

Avec l'éveil spirituel, nous reconnaissons que positif et négatif sont connectés, chacun contient la graine de l'autre. Nous voyons que l'harmonie sous-jacente réside dans l'Océan, mais elle n'efface pas les opposés, pas plus qu'elle ne les convertit en positivité singulière. Avec l'éveil à l'unité sous-jacente de toutes choses et une puissante acceptation pour tout ce qui est — nous faisons l'expérience que le mauvais accompagne le bon et nous savons qu'ils sont inexorablement liés.

TRANSCENDANCE

Nous arrivons à la fin tout en restant au début. C'est le royaume des mystiques. Tout est exactement comme il l'a toujours été, et pourtant, tout est radicalement différent.

La fausse revendication du pouvoir est épuisée. Dans une impuissance totale, nous sommes simultanément plus et moins que ce que nous avions pu imaginer être précédemment.

Lors de l'éveil à l'unité fondamentale, les choses du monde sont dépouillées de leur essence. Toutes les personnes et tous les événements qui autrefois apparaissaient comme distincts et indépendants se sont révélés être intégrés — des vagues qui font partie du vaste Océan. Les vagues n'ont pas disparu — il n'est pas nécessaire pour elles de disparaître car leur présence (qu'elles soient désagréables ou discordantes) ne peut pas déranger la plénitude. C'est la Transcendance. Le pluriel et l'Un coexistent pacifiquement. Le fossé apparent est miraculeusement cicatrisé.

Les poètes spirituels et les compositeurs à travers l'histoire se sont extasiés sur l'éveil spirituel si bien qu'un riche folklore et une mythologie se sont développés autour de ce sujet. Il est souvent associé à l'extase, à la béatitude et aux pouvoirs surnaturels. Les personnes à travers lesquelles l'éveil est arrivé sont souvent vénérées et certaines deviennent des enseignants spirituels. Si ces personnes font partie d'un groupe organisé, on leur attribue les plus hautes valeurs du groupe, alors à leur décès, elles deviennent souvent des légendes et des symboles. Vous devez admettre, que c'est très exotique, passionnant et intéressant.

Pour des raisons de préférence personnelle, je parle de cet éveil spirituel dans des termes très terre-à-terre. Je suppose que ce n'est pas si surprenant si l'on considère mon histoire dans les bars et les maisons de drogue du monde, plutôt que dans les temples et les ashrams. En outre, mon gourou était un banquier et pas un troglodyte ! Mon expérience et ma vision sont celles dans lesquelles la vie est considérée comme un événement vaste et complexe — une expression parfaite d'une plénitude incompréhensible et c'est ce que je suis. Les événements et le fruit de mon expérience m'ont aidé à composer cette plénitude. Je me connais moi-même pour être À LA FOIS immanent et transcendant. Je suis Wayne et je suis Dieu. Je suis Dieu, non pas parce que je suis unique dans ma spécificité, mais parce que TOUT est Dieu. Je suis unique et spécial et en même temps, je suis l'Intégralité indifférenciée. Toutes mes imperfections sont parfaitement à leur place. Parfois, je réagis mal mais je suis incapable de pécher. Je suis tout et rien. Je suis né (et vais mourir) et pourtant je suis Éternel. Je n'ai pas de pouvoir personnel et je suis le Pouvoir lui-même. Rien de ce que je sais ou crois n'est vrai et la Vérité est que j'ai toujours été ou ne le serai jamais. J'ai bu jusqu'à la mort et ai été ressuscité comme Guru. Le monde dans son ensemble me croit fou et bien sûr, c'est avec raison. Ce que la plupart des gens considèrent ordinaire, je le vois comme un miracle. Je ne suis plus rationnel dans le sens traditionnel du terme. Je ne suis logique que pour ceux qui sont touchés par ma folie, je suis fiable et sujet à des changements imprévus à tout moment. Je me promène en paraissant être normal, mais j'habite un monde connu que de quelques-uns. Je travaille parfois dur pour obtenir ce que je veux, sachant toujours que je suis impuissant à faire quoi que ce soit pour que cela arrive. Je suis en paix quand je suis en colère. J'aime même ceux que j'aime le moins. Ma désapprobation est fondée sur l'acceptation de tout ce qui EST. Je n'ai pas peur de mourir parce que je me connais moi-même pour être la vie elle-même. Je pleure sur mes pertes bien que je n'ai jamais rien eu et n'aurai jamais rien. Tout est COMPRIS dans une clarté parfaite et je ne sais vraiment rien du tout. Je consume la souffrance des autres, mais je ne souffre pas. Mon cœur est attaché à un pacemaker et il bat encore en rythme avec l'Univers. L'amour me comble au point où je suis complètement vide. Je dis toujours la vérité, même quand je mens. Je reste satisfait même si mes désirs ne sont pas souvent réalisés. Je n'attends rien et je suis souvent furieux quand je n'obtiens pas ce que je veux. Je ne fais aucune promesse ou garantie mais je suis digne de confiance. Vous pouvez compter sur moi pour rien.

Tous les paradoxes apparents du monde se dissolvent dans cette simple compréhension. C'est l'acceptation de ce qui EST. C'est la paix. C'est la Transcendance.

Que cela vous trouve maintenant!

« Nous ne cesserons pas l'exploration et la fin de notre quête sera d'arriver là où nous avons commencé. Et de connaître ce lieu comme si c'était la première fois. »

–TS Elliot

REMERCIEMENTS

J'ai dédié ce livre aux hommes de chez Scotty's/Splash, dont certains que j'ai eu le privilège de connaître depuis plus de vingt-cinq ans et sans le soutien constant de deux femmes exceptionnelles là-bas, j'aurais sûrement pataugé.

Mon épouse bien-aimée Jaki Scarcello, qui en fait les frais par la réticence de Dieu à supprimer toutes mes lacunes et défauts de caractère. Sa présence aimante dans cette vie magnifique et un peu folle que nous vivons est la plus grande des bénédictions. Je lui suis plus que reconnaissant pour tout son soutien.

Dawn Salva est un cadeau de la Source à la fois pour moi en tant qu'écrivain et pour vous lecteur. Sa sensibilité et sa compétence en tant qu'éditrice et sa compréhension profonde du sujet ont été une aide incommensurable. Son amour infini n'a pas été néfaste non plus.

Mon très cher ami et le plus ancien, Bill Cleveland qui m'accompagne depuis longtemps. Il est un yogi karma infatigable, entièrement dévoué à la voie du service. Ses idées se trouvent dispersées au travers de ce livre pourtant, en aucun cas je ne lui en serai reconnaissant.

Lee Scantlin a également été impliqué dans cette affaire depuis le début. Son entrée dans ma vie a été un catalyseur pour l'évolution qui a suivi et plusieurs de ses intuitions ont nourri ces pages.

Un grand merci également aussi à Nacho Fagalde pour la permanence de son amour et son soutien indéfectible pour moi et l'Enseignement Vivant. Une grande partie du travail de ce livre a été fait dans l'espace calme et paisible, qu'il m'a si généreusement fourni.

Un grand remerciement particulier à Steven Hoel, Tall Kathy, Rambo et Bala, pour leurs commentaires pendant les étapes d'élaboration de ce manuscrit.

Les correcteurs JoAnne Franz Moore, Heidi Singfeld et Lee Scantlin ont été précieux dans la recherche des fautes de frappe et pour avoir renforcé ma conviction que la ponctuation est un art et non une science (Qui pense qu'il devrait y avoir une virgule après des coquilles ? Levez la main).

Je tiens particulièrement à remercier l'Advaita Fellowship et tous ses membres qui le soutiennent financièrement afin de nous assurer le gîte et le couvert et les vêtements. Parmi les détracteurs, il y a ceux qui pensent que je deviens riche et gras grâce à l'enseignement. Bien que je puisse grossir, la partie « riche » demeure la plus éloignée des possibilités.

Et la dernière mais non des moindres, c'est Rebecca, qui contribue à mettre un ordre indispensable à mon chaos.

Oh oui, et aussi Leonard, merci pour les billets.

NOTES

1. *Alcoholics Anonymous*, 3rd edn (New York City: Alcoholics Anonymous World Services, Inc. 1976-2001), p. 88.
2. ibid.
3. *Alcoholics Anonymous*, 4th edn (New York City: Alcoholics Anonymous World Services, Inc., 2001-12), p. 164.
4. ibid., p. 61
5. ibid., p. 30
6. ibid., p. 31
7. ibid., p. 59
8. ibid., Foreword to Fourth Edition, p. xxiv
9. ibid., p. 45
10. ibid., p. 46
11. ibid.
12. ibid., p. 60
13. ibid., p. 62
14. ibid.
15. ibid.
16. ibid., p. 58
17. ibid., p. 62
18. ibid., p. 64
19. ibid., p. 68
20. *Alcoholics Anonymous*, 4th edn (New York City: Alcoholics Anonymous World Services, Inc., 2001-12), p. 83
21. ibid., P. 75

22. ibid.
23. ibid.
24. ibid.
25. ibid.
26. ibid.
27. Ram Tzu, aka Wayne Liquorman....*No Way for the Spiritually Advanced*, Advaita Press, 1990 pp 47
28. *Tao Te Ching*, Translated by Gia-Fu Feng and Jane English, Vintage Books Edition, 1989 pp 3
29. *Alcoholics Anonymous*, 4th edn (New York City: Alcoholics Anonymous World Services, Inc., 2001-12), pp. 83-84.
30. *Alcoholics Anonymous*, 4th edn (New York City: Alcoholics Anonymous World Services, Inc., 2001-12), p. 76
31. ibid., pp. 87-88
32. ibid., p. 85
33. ibid., p.63
34. Ram Tzu, aka Wayne Liquorman....*No Way for the Spiritually Advanced*, Advaita Press, 1990 pp 94
35. *Alcoholics Anonymous*, 4th edn (New York City: Alcoholics Anonymous World Services, Inc., 2001-12), p. 63
36. Nisargadatta Maharaj, edited by Jean Dunn, *Prior To Consciousness*, Acorn Press, p. 154
37. Ramana Maharshi, ... *Spiritual Teaching of Ramana Maharshi*, Shambhala, p. 67
38. ibid., p. 64
39. *Alcoholics Anonymous*, 4th edn (New York City: Alcoholics Anonymous World Services, Inc., 2001-12), Appendix II, p. 568.
40. Copyright ☐ by The AA Grapevine, Inc.
41. *Alcoholics Anonymous*, 4th edn (New York City: Alcoholics Anonymous World Services, Inc., 2001-12), p. 83
42. ibid., The Twelve Traditions, p.562
43. ibid., p. 62

www.advaita.org

www.ingramcontent.com/pod-product-compliance
Lightning Source LLC
Chambersburg PA
CBHW020804160426
43192CB00006B/440